クラウド環境の本質を活かす学級・授業づくり

「つながり」の中で個が豊かに伸びるための考え方

JN050418

東京学芸

大村龍太郎

明治図書

はじめに

　ＧＩＧＡスクール構想の推進により、子どもたちの一人一台端末、校内の高速通信ネットワーク、そして先生方の校務も子どもたちの学びもクラウド活用が前提となる環境（以下、クラウド環境とよぶこととします）が、地域によって多少の差はあれどほぼ整備されました。先生方もそれを前向きに捉えて活かしたり、逆に戸惑いや苦手意識をもたれる方もいらしたり、様々でしょう。本書はそのような中、明治図書さんより、ＧＩＧＡの中核とも言える「学校のクラウド環境整備による授業の変化などをテーマにした書籍を執筆しないか」とのご提案をいただき、執筆したものです。一人一台端末配備はもちろんですが、本書があえて一人一台端末環境と銘打たず、クラウド環境としているのは、**ＧＩＧＡの環境整備によって学級づくり・授業づくりに中核的な影響を与えるのは、クラウド環境だからです**。

　はじめにおことわりしておくと、**本書は、ＧＩＧＡスクール構想自体の解説や、クラウド含めＩＣＴに関わる細かいテクニックや、その事例紹介が中心の本ではありません**。そのような書籍やウェブサイト[1]はたくさん出されていますので、そちらを参考にされると

1　ＧＩＧＡスクール構想の推進として、例えば文部科学省ＨＰ「StuDX Style」(https://www.mext.go.jp/studxstyle/) など、国からも様々発信されています。

よいと思います。「こうすれば必ずうまくいく！必勝の○○」のような書とも本書の趣旨は異なります。本書は、**クラウド環境を前向きに利用する学級づくり・授業づくりの基盤となる「考え方」に関するお話です。**もちろん具体的な例示もしながら説明をしていきますが、それは「本質的に大切なことは何なのか」「私たちは何を目指しているのか」「迷ったときにどのような考え方やおおもとに立ち返るとよさそうか」について、みなさんとともに考えるための材料として示すものです。その例自体をそのままやってほしい、ということではありません（もちろん、お試しいただくのは結構です）。実践やアイデアは、学校現場の先生方が、ときには失敗もあって当然というマインドをもち、子どもたちの実態、先生の個性、学校が採用している端末仕様やアプリなどの様々な状況を踏まえた上で「使えそうな事例」を見つけてまねしてみたり、先生同士で小さなチャレンジを共有し合ったりする中で、どんどん生み出されていきます。毎年様々な学校にお邪魔して授業を参観しますが、豊かな実践が生まれている学校は、ＩＣＴが得意な人やクラウドに詳しい人が多いわけではありません。「よくわからないけど便利になるのならとりあえず使ってみよう」と面白がって「試す」雰囲気のあるところばかりです。それこそが重要で、本書はその**「よりどころとなる考え方」**を学級づくりと授業づくりの面から検討しようとするものです。また、本書があえて「すぐに使える○○集」のような内容に傾斜しすぎないことは、次の二点を意識していることもあります。

第一点は、教育の不確実性・文脈依存性・一回性の面からです。私の専門は教育方法学で、その中でも授業研究と学級経営研究を関連的・複合的に行っています。自他ともに認める授業マニア・学級経営マニアです（ＩＣＴ教育に特化した研究者ではありません）。小学校現場で長く担任もさせていただき、多様な実態の学校や地域や子どもたちに接してきました。振り返れば反省点ばかりですが、未熟ながらも培ってきた実践知や感覚と、学術的な検討・知見をかけ合わせながら稚拙な研究を進めるほどに、感じることがあります。それは当たり前のことですが、学校・地域・子どもの実態でいくらでも状況は変わり、「どんな状況にも絶対的に効果的な授業や学級経営の手立てなどありはしない」ということです。これは、共通する原則や一般化できる方法がまったくないとか、指導技術が必要ないということではありません。「子どもを大切にするために、学びを豊かにするために」という姿勢は当然共通するものですし、多くの子どもたちに効果的な指導技術やしかけ（わかりやすい指示の仕方、話の受け止め方、特別な配慮を要する子どもへの対応の仕方、楽しく学べる活動の設定、系統的な指導・支援など）は存在します。その意味で、教育における実証的エビデンスの産出やそれに基づく教育は大切な側面があります。しかしそれは、「多数をならしたときに有効な傾向があるようだ」というだけであり、そぐわない子どももいます。また、子どもたちのくらしや学びは、多様な文脈が絡み合って生じるものです。そしてビースタ（2007）[2]も言うように、教育は「教師の特定の手立て→子どもの変容」という単純な因果関係モデルだけで語れるものではありません。複雑な状況に向き合って日々実践と省察を重ねることでしか教師の力量形成がなされないことも、先生方は実感としてもたれているのではないでしょうか。もし「どんなときでもどんな子どもでも教師がこうやれば子どもは必ずこうなる」という絶対的なハウツーがあるとしたら、それ自体、教師が子どもを意図的に強く操っている証拠であり、使い古された「子どもが自ら学ぶ」とか「主体的な学び」とか「自己決定がある中で成長していく」といった表現とは矛盾する部分が出てくることになります。そうではなく、複雑性に向き合う省察的実践が教師の醍醐味でもあり、教師の専門性はそこにこそあると言えるでしょう。本書はその意味でも、事例の紹介そのものではなく、それを通したクラウド環境における考え方を検討します。それを

2　Gert J.J. Biesta, "Why "What Works" Won't Work: Evidence-based Practice and the Democratic Deficit in Educational Research," *Educational Theory*, 57(1), 2007, 1-22.

もとにすれば、具体的な実践はそれぞれの現場の文脈の中で生み出されていくものだと思っています。

第二点は、第一点に関わりますが、日本国内のＩＣＴ環境整備の差異性の点からです。本書は、クラウドが生み出す教室環境の変化を前向きに捉え、必要な配慮をしつつ便利に活かすための考え方を検討します。しかし、全国の自治体や学校によって、導入されている端末の仕様やアプリケーションソフト群には差異があります。開発企業によって製品やシステム、サービスの使用体感も異なってきます。更新もされていきます。よって、具体的すぎる事例はどこかの参考にはなるけれど、どこかの参考にはなりづらいということが起きます。そうではなく、**どのようなものを導入していても、クラウド活用前提の環境であれば、うまく利用することでほぼ共通する考え方を軸にしようと思っています**。ご自身の学校の状況に合わせて具体をイメージしていただけたらと思います。**ただし、基本的には教師が校務でも使えるようなアプリを使うことを想定した例が多くなります。その意図も本書を読み進めていくとおわかりになると思います**。また、あまりに規制が強い状態ではできないことも紹介しますので、その場合は、別の工夫の仕方や規制自体をどうするかまで含めて、それぞれの自治体や学校でご検討いただけたらと思います。

学校は、子ども同士はもちろん、多様なひと・もの・こととの「つながり」が生まれることで、学びやくらしが豊かに営まれていくべき場所だと思います。それは、「子どもたち」という不特定多数をひとまとまりに見た豊かさではなく、集団の中で一人一人の子どもが個として豊かに伸びていくくらしや学びであるはずです。それぞれが自分の意思（意志）やペースで何かに没頭することができる。しかし孤立ではなくお互いがそれを支え合うことができる。共通の課題には知恵や力を出し合い協働で解決する。そんな日々です。ただ、この実現が容易なわけではないことは現場の先生方はひしひしと感じておられると思います。だからこそ、直接的・間接的にサポートする環境や道具があれば、便利に活用したいものです。それがクラウド環境を前提とした端末等なのです。

現在、「教育ＤＸ」など、ＧＩＧＡに関連した学校革新にまつわる「言葉」が多様に飛び交っています。それぞれ意味のある言葉だとは思いますが、あまりに多く浴びせられると、実践現場では多忙感・疲労感の要因にもなりかねません。言葉にまどわされすぎず、どのように考えればクラウド環境が子どもの様々な「つながり」を生み出すことに活かせるのか。子ども一人一人や教師の余裕を生み出すために利用できるのか。学級づくりや授業づくりを通した豊かな学びやくらし、幸せにつながるのか。ともに考えていきましょう。

はじめに

第1章 **クラウド環境を活かすための前提の考え方**

第2章 クラウド環境を活かした学級づくりの考え方

第3章 クラウド環境を活かした授業づくりの考え方

第1章

クラウド環境を活かすための前提の考え方

本書のスタートとなるこの章では、クラウド環境における学級づくりや授業づくりの考え方のさらに前提となることを考えます。

高速通信ネットワークやクラウド及びそれを前提とした一人一台端末などの「道具」、それによって形成される「環境」を、わたしたちはどのように考えたらよいのか、そこでの学びやくらし、教師のありようをどう考えたらよいのかをさぐっていきましょう。当たり前のように思えることも多いかと思いますが、たくさんの学校におうかがいすると、意外と当たり前のようなことが忘れられていたりおろそかにされていたりすることが多いのではないかとも感じられます。当たり前こそ重要であることを再確認できたらと思います。

01 「道具」の本質から考える

子どもたちに一人一台ずつ配布された端末も、高速通信ネットワークやクラウドも、すべて人間が創り出した道具です。ここでは、クラウドをベースとしたそれらの活用について具体的に考える前に、そもそも人間が道具を創り出す、使用するとはどういうことか、道具にはどのような性質があるかについて考えてみましょう。それを踏まえることが、現在のＧＩＧＡスクール構想を、国の方策や「しなければならないもの」という受動の態度や義務感としてではなく、「うまく利用する」ためには大切なことになると思います。

⑴ 人間はなぜ道具を創り出すのか

わたしたちは、なぜ「道具」を使ったり、創り出したりするのでしょう。太古、人間は暖をとったり食物を食べやすくしたりするために、火を道具として使うことを考えつき、実践しました。食料を確保するために、狩猟の道具を発明し、活用しました。より簡単に作業ができるように、農具を発明し、活用しました。お気づきのように、そもそも道具とは、「人間が何かの目的を実現するために」創られるものです。そして道具を発展させるのは、「より便利に、楽に、合理的・効率的に目的を達成するため」です。企業は利益を得るために商品として道具を開発しますが、それも使う人がより便利に感じるかどうかを基準に検討して、よい商品にしていきます。「何を当たり前のことを…」と思われるかもしれませんが、クラウド含め広くＩＣＴ活用を考えるときに、この当たり前に立ち返ることはとても重要です。なぜなら、**「自分たちの意思とは無関係に環境（としての道具）が提供・整備された場合、教師はこの当たり前を置き忘れてしまうことがある」**からです。

ＧＩＧＡスクール構想が示され、子どもたちに端末が配布され、それらの環境を教師も積極的に活用するように示されたとき、みなさんはどのように思われたでしょうか。前向きに捉えられた方も多いと思いますが、正直、そうでない方もいらしたのではないでしょうか。知り合いの先生方とお話しすると、特にあまりＩＣＴを活用してこなかった先生方は、「今までのやり方の方がよかった」「時代についていけない」「そんなことまでやる暇はない」「ＩＣＴを使うことが目的のようだ」「他のことに力を入れたい」などの本音をもらされる方もおられました。お気持ちはよくわかります。学校現場に次から次へと新しい言葉や「○○をやりましょう」が入ってくると、「また新しいことが入ってきて大変になる…」と感じてしまうのは自然なことです。先生方は多忙極まりない日々ですから。

また、「これからの時代を生き抜く人材を育むために」のような枕詞がつくことによって、その使命を一方的に要求されるように感じるのも事実でしょう。実際、これからの社会を考えると、クラウド含め端末等のデジタル機器を活用する技能や、多様な情報を適切に活用できる力を育むことの重要性は高く、そのために導入されている側面は大きいですから。

しかし、少し立ち止まって、先ほどの「そもそも道具とは何か」ということに立ち返ってみましょう。道具は、「使ったほうが便利になる」「使ったほうがより楽になる」「今まではできなかったことが、これによって可能になる」ために生み出されたものです。**国の教育政策を受け取る意識でばかり見てしまうと、「使わなければならないから使う」という見方・考え方になってしまいます**。使う方が負担が増すのであれば、道具の本質を外していることになるので、まさしく本末転倒です。そうではなく、「使ったほうが便利で楽になる」「やりたかったことができる」「新たなことが可能になる」など、今よりも豊かなくらしや学びの実現に資する便利さを提供するのが道具の本来の役割のはずなのです。そのような考え方で「一人一台端末」「高速通信ネットワークが整備された環境」「クラウドとそれがいつでも活用できることが前提の環境（クラウド環境）」と向き合い、**うまく利用してやろうと考えたいものです**。

ではなぜ、そう考えることができない事態が生じるのか、どうすればその考え方に立ち返りやすくなるのか、もう少し考えてみましょう。

―― (2) 道具は、慣れる前に価値を判断してはいけない

このことは、私がよく例に挙げる自転車で考えてみるとわかりやすいと思っています。自転車は、「目的地まで短時間で楽に移動するために」創られた道具[3]です。しかし、その恩恵を享受するためには、自転車に乗れるようにならなければなりません。乗れるようになる前の自転車を思い浮かべてください。「大きくて邪魔になる」「危険」「むしろ歩いた方が速い」と感じるでしょう。ただ、だからといって、「自転車はない方がよい」とは

3　技術科などでは自転車は「道具」というより「機械」ですが、ここでは、人間が何かの目的を便利で楽に遂行するために生み出したものを広く「道具」と表現します。

思わないのではないでしょうか。それは、乗れるようになれば便利になることを今はよくわかっているからです。**つまり道具は、ある程度慣れて使えるようになる前にその価値を判断するのはナンセンスなのです**。GIGAも同じです。

また、これも自転車と同じで、**使えるようになる前の不便さは、慣れるまでの少しの間は我慢する必要があります**。クラウドやそれをベースにした端末等の機器も同じことです。本書では様々な「便利さ」「子どもの学びの豊かさへの貢献可能性」を示しますが、それは当然、道具に「慣れたとしたら」の話です。慣れるまでは不便なのは当たり前です。**しかしクラウド環境における端末等は、慣れれば使う前には戻れないほど便利なものです。これはクラウドがない時代の実践経験を踏まえても自信をもって言えます**。慣れるためのコツも紹介しますが、いずれにせよ教師は、便利さを実感する前の「面倒なイメージ」によって道具の価値を判断せず、まずは使って慣れてみよう、試してみようというマインドセットが大切です。

――(3) 目的を階層的に意識する

道具は、「何かの目的をより便利に、より楽に、より豊かに果たすため」に存在することは述べてきました。そうであるならば、「目的は何か」自体が不明確であれば、その価値も判断できないし、恩恵も享受できないことになります。私たちはそもそも教育者として何を目指しているのか。究極的には自他の幸福を追求・実現するような生き方ができる成長を促すことや、教育基本法が示すように「平和で民主的な国家及び社会の形成者としての資質」を育むことなどと言えるでしょう。学校教育目標含め、当たり前のようで意識が薄れがちなおおもとの教育目的を意識する習慣は大切です。

とはいえ、それはかなり抽象的なので、もう少し日々の下位目的・目標におろしてみると、例えば「人間関係形成力を育む」「学ぶ力を育む」「各教科の学びを深める」などの資質・能力育成や学びの豊かさになるでしょう。そして、そのような目的・目標を実現するために一人一台端末、ネットワーク環境、そして特にクラウド環境が直接的・間接的にいかに貢献しうるかを本書は考えていきます。少し先取りをするならば、**クラウドが多様な「つながり」をつくることに大変便利に機能することで、教育目的・目標の実現に貢献していくことになります**。

究極的な目的の実現のために学校のくらしや学びがある

↓多様な「つながり」を生みだせば、そのくらしや学びの場が豊かになる

↓そのためにクラウド環境は便利な道具として利用できる
↓教師も子どももそれに慣れることがスタートだ

と、**おおもとの目的とつながっていることを常に意識することで、「道具におどらされず手段として飼い慣らしてやろう」という気持ちをもちたいですね。**

——(4) 道具の二面性を理解し、使う側のありようを問う

ただ一方で、道具にはもう一つの重要な性質があります。それは、使う人間の考え方・使い方によって、プラスにもマイナスにも機能する二面性をもっているということです。

包丁は、本来の使い方がなされれば、おいしい料理をつくることに便利に機能し私たちに幸福をもたらしてくれますが、目的や使い方を誤ると、簡単に凶器と化します。自転車も便利ですが、扱い方を誤れば乗り手も周囲の人をも危険にさらします。鉛筆も学習に便利な道具ですが、とがった芯を人に向ければ凶器と化します。道具とはそういうものです。

同じように、ネットワークやクラウド環境は、データの共有、共同編集、チャットなど、便利な機能が学びに活かせる可能性がある一方で、「不適切なやりとりがあるかもしれない」「人を傷つける言葉でいじめにつながるかもしれない」などの懸念から、道具自体に

否定的な意見が出たり、使用を制限されたりすることがあります。しかし、**二面性があること自体が道具の本質だとすれば、またそれに触れる世界に生きることになるのであれば、道具の制限ではなく、教師や子どもたちがその道具を適切に使うことができるような指導力やモラルを身に付けていくことこそ重要です**。透明性の高い環境を準備できるうちに、道具を使う人間の在り方を考える機会をもち、成長を促すことが教育であるはずです。子どもたちのために問題が起きないようにしたいお気持ちはわかりますが、わたしたちは教育をしています。ときにトラブルがあったとしても、**その経験から反省的に何を学んでいくかこそ大切であり、教育の場であるはずです**。このことは、創られた道具が適切な目的に沿って適切に活かされる社会をつくるための人々の内面的成長や人間関係づくりの重要性を学び続けることでもあり、後述する学級づくりにもつながります。

また、「自然とのふれあいや身体で感じるような体験が希薄になるかもしれない」「別の力が衰えるかもしれない」などの意見もありますが、それも問題の本質は道具ではないのではないでしょうか。**そのような体験や力が本当に大切なのであれば、それらを削るような学びの在り方が問題なのであって、道具がいかに進化しても豊かな体験や必要な力を育む活動は目的に応じて行えばよいことなのです**。

02 GIGAの環境整備の中核になるのは「クラウド環境」

(1) 見えない環境にこそ隠れている本質

GIGAスクール構想についての説明は、社会状況を含めた背景や目的、構想の具体などが文部科学省からも様々な資料として発信されています[4]。環境整備による教室の変化としては、やはり一人一台端末が目に見えるのでわかりやすいですね。子どもたちの机上にPCが当たり前に文房具として位置づいたのは、数十年前に子どもだった大人の方々が見れば、新鮮に見えることでしょう。

しかし、GIGAによる教室環境の変化、道具の変化、授業の変化、何より子どものく

4 文部科学省ホームページ「GIGAスクール構想の実現について」https://www.mext.go.jp/a_menu/other/index_00001.htm などに多数。

らし方や学び方の変化に最も影響を与えるのは、間違いなく**クラウド環境が前提となることです。**クラウド環境自体は端末と違って表面には見えづらいものです。しかし、**そこにＧＩＧＡの環境整備の本質を見出さないのであれば、端末もネットワーク環境もその便利さは半減してしまいます。極論を言えば、パソコン室で使っていた端末が持ち運びやすくなったにすぎないことになります。**よって自治体も、**学校がクラウドをストレスなく使えるように整備面で支援できるかをこそ徹底する必要があります。**そのことを考えるために、クラウド環境について簡単に確認しておきましょう。

クラウドとは、簡単に言えば、インターネット等のネットワーク経由でコンピュータの機能や性能（サービス）を共同利用できる仕組みの総称と考えてよいでしょう。何かのアプリを使用するにしてもデータを保存・編集するにしても、端末内部ではなく、クラウド上で行われます。Gmail や Yahoo! メールのようなウェブメールサービスはまさにこの仕組みですね。気づいていない方もいるだけで、ほとんどの方が日常でクラウドサービスを利用しています。クラウド自体を深く理解しようとするならば本書よりもＩＴ関係の書籍などのほうがよほど詳しく学べます。ここで大切なのはそこではなく、「うまく利用すれば子どもの学びに役立ったり、教師の負担が減ったりしそうなものだ」と感じることができるかどうかです。具体例を挙げながらイメージしてみましょう。

例えば、子どもたちが授業中にクラウド型の文書作成アプリやプレゼンアプリなどを使って自分の考えを言葉や図で表現したとします。それらは、端末や校内のハードディスクなどと違って容量をほぼ気にせず、クラウド上に自動で保存されていきます。子どもはそれを授業中でも授業後でも見たい時に見ることができます。編集したい時に編集できます。高いセキュリティを確保しながらも、授業中に友達同士で参照し合うこともできます。グループで何か作成しようと思えば、距離が離れていても複数の子どもたちが同時にアクセスして一つのものを一緒に編集することもできます。「誰かが使用しているから他の人が編集できない、保存できない」などということはありません。「そんなことはもうわかっている」と言う方も多いでしょうが、あまり触れてこなかった人も、これらをちょっとイメージしただけで、授業や子どもの係活動などで便利に使えそうな気がしませんか?

あるいは、コンピュータを介したコミュニケーションでもイメージしてみましょう。クラウド型のチャット機能やコメント機能を使えば、画面上でリアルタイムで対話や意見交流ができますし、自分の作品に対して友達がくれたコメントを後からでも自分が見たいときに見ることなどが可能になります。

これらの例から、10年前のパソコン室で端末を使用していた頃のICT活用とクラウド環境のそれとは根本的に考え方が異なることがわかるのではないでしょうか。それこそが学級づくりや授業づくりに機能する道具としての便利さの本質的な違いとなるのです。

――(2) クラウド環境が可能にする多様な「つながり」

子どもたちの学校におけるくらしや学びでさらにイメージを膨らませてみましょう。すでに「こんなことができそうだ」などと浮かんでいる方もいらっしゃるのではないかと思いますが、例えば、次のようなことが可能になり、そのような実践が生まれてきています。

①「現在進行形共有」によって友達と相互に「つながり」、支え合う

みんなで共通の課題を探究する場合でも、個々の課題を探究する場合でも、係活動でアイデアを出し合う場合でも、互いの考えを共有して見合えるだけでなく、そこに至る途中のプロセス（考え方）まで画面で見合うことができます。席が離れていても、友達の考え方を参考にしてまねたり、比較検討したりできるのです。このことを本書では「現在進行形共有」と呼ぶことにしますが、これについては(3)でもう少し詳しくお伝えします。

②友達と共同編集によって「つながり」ながらつくりだす

学級のみんなで、あるいはグループで、同じスライドやシートを共有し、それぞれの子どもたちが自分の端末からそれに書きこむことができます。一枚の模造紙に複数人で体の向きを変えたり交代したりしながら書きこむ作業をするのもよいですが、もし同様のことを今の社会に出て行う場合、共有して個々の端末から書きこむ方が普通です。なぜなら便利だからです。そのような作業経験と便利さを享受できるわけです。

③口頭だけでなく画面文字でも友達と「つながり」、意見交流ができる

話合いは大切な学び方ですが、人数の多さや時間的制約で発言できない子どもや、発言することに苦手意識をもっている子どももいます。口頭で参加しようと努力するのも大事ですが、クラウド型のチャットを併用すれば、思いや意見を画面上に文字でも表現できるので、話合いに参加しやすくなります。またそれは、発言希望が多いときに、友達に口頭での発言を譲り、自分はチャットに記入するという優しい行動にも使うことができます。

④教師との個別的な「つながり」をもちやすく、称賛やアドバイスを得たり相談したりしやすくなる

子どもの学びを教師も現在進行形で共有しやすくなるということは、授業中に個別の称

賛や支援の声かけ等を行いやすくなります。もちろん、時間的・物理的にすべての子どもに即時対応できるわけではありませんが、後からでもクラウド上の記録から子どもたちの活動を確認し、称賛や支援を行いやすくなります。また、子どもが個別チャット機能を使って「時間が空いた時に見てください」などのコメントや相談内容を送れば、教師は即時に対応できなくとも時間があるときにそれを見て対応することができるようになります。

⑤過去の自分を現在との「つながり」として活かしたり問い直したりできる

子どもたちは過去の自分の考えたことや作成したもののデータをいつでも閲覧できるので、過去と現在の考えを比較したり、過去の考えを問い直しながら現在の考えをつくったりする学びを行いやすくなります。制限のないノートのようなものですね。

クラウド環境では、このようなことを教師も子どもも準備の負担が圧倒的に少なく楽に実現できます。なお、インターネットで世界中の情報にアクセスできるのは当然ですね。

—— (3) 特にポイントとなる「現在進行形共有」

「クラウド上にデータを保存できる（オンラインストレージ）」「教師や子どもたちが簡単

にアクセスでき、共有も編集もできる」などをクラウドの便利さとしてイメージする人が多いですが、子どもの様々な活動への直接的な影響として特にポイントとなるのは、(2)①で示した「現在進行形共有」です。これについてはもう少し補足しておきたいと思います。学級づくりや授業づくりの具体は本書の後半でさらに詳しく示していきますが、イメージしやすいようにどのような教科等でもありそうな授業場面で考えておきましょう。

私たちは、授業で子どもたちが「作成物を見合う」「友達と考えを交流する」というとき、完全ではなくとも、ある程度「形になったもの」を共有することをイメージします。それも大切な学びですが、クラウド環境における「現在進行形共有」の便利さは、「つくっている最中」自体も、友達との物理的な距離に関わらずいつでも共有できる教室になるということです。クラウドでいつでもつながっているのですから、端末上で子どもが課題に対して考えをつくるときに、「友達はどんな考えをつくったのかな」だけでなく、**「友達はどのように考えをつくっているのかな。どのような見方・考え方や手順でつくっているのかな」というプロセスまで含めて、自分の状況に応じて自己決定的に見合うことができるのです**。戸惑っている自分を自覚した子どもは、友達の考えのつくり方を参照して「まねぶ」ことができる。自分がもっている情報や見方・考え方だけで考えをつくりたい子どもは、友達のものを参照せずに活動するのももちろんよいでしょう。その子は「後から友達の考えを参照する」ことも可能なわけですから、自分の考えと複数の友達の考えを比較することも画面上で容易にできるわけです。現在進行形共有が可能な環境によって、子どもは自分の意思で「まねぶ」「一人で問いに向き合う」「比較してよりよい考えを検討する」などを選択して思考活動を行いやすくなります。

──(4) 道具というより「環境」

クラウド環境という表現をすでに使っているように、クラウドはもはや道具と言うより、教室や学校空間においてここまで述べたようなことを可能にする「環境」というべきものです。もちろん、いつでもとにかく便利であればよいわけではないし、端末も含め使わないことがよい場合もあるでしょう。**大切なのは、どちらもできる環境であることを教師も子どもたちも理解し、深まりのため、よりよい探究のために選択していくことと言えるでしょう。**

03

「目的と手段」という関係の大切さと罠

『手段が目的化している』…研究授業などにおいて、「ＩＣＴ活用が目立つわりに、教科等のねらいが十分に達成できていない」と感じられた方々が、その後の協議会でＩＣＴ活用に対して指摘する時の常套句です。確かに、本章の01で述べたように、授業の目的を意識することは有効な手段を選択・活用したり評価したりする上で大切なことです。その視点で見れば、クラウド環境含めＩＣＴ全般を「手段」とした場合、それがどのような目的やねらいで活用されているのかを確認し、有効に機能しているかを見ることは理にかなっています。活用の仕方や活用すること自体について反省し、改善することにもつながるでしょう。そうした意図もあって、協議会などでこういった常套句が使われる場面によく出会うのだと思います。

ただ、この指摘がどのようなときにも理にかなっていると言えるのかについては、検討が必要ではないでしょうか。

ここでも自転車を例にして考えてみましょう。

自転車で、自宅から公園まで行くとします。この場合、公園までたどりつくことが目的、自転車に乗ることが手段だと決めつけてしまえば、その自転車は、交通手段として便利だったかどうかだけが判断基準となります。しかし、その人がまだ自転車に上手に乗れない人で、「乗ることに慣れることや、乗る練習を兼ねて」自転車を選択していたとしたらどうでしょう。あるいは、自転車に乗ることによって、「徒歩とは異なる爽快感や気づきを得ること」を意図しての選択だったらどうでしょう。「歩いた方が速い」とか「乗ることが目的化しているからダメ」という指摘は理にかなったものと言えるでしょうか。**この場合、自転車に乗ることは、その人にとって手段でもあり目的にもなっています。そのような選択に対して『手段が目的化している』と指摘することはナンセンスです**。一部のことのみを目的だとして、それ以外に意図や目的があるかもしれないことを無視していることになるからです。

これと同じことが先ほどの授業の指摘でもよく起きているように感じます。クラウド環境やそこでの端末活用は確かに便利ですが、前節で述べたように、それは使うことに「慣れたとしたら（一定の技能を身に付けたとしたら）」[5]の話です。現在、小中学校の教育課程において、情報技術の活用技能だけに特化した教科や領域はありませんから、クラウドや端末活用に慣れることだけを目的にした授業時間などほとんど位置付けられないのが現実です。**そうであれば、慣れるまでは、教科等のねらいだけでなく、クラウド環境やそこでの端末活用に慣れること自体もねらいに含めるような授業が現実的には必要になります**。

算数の授業をしているとき、子どもは算数科としての授業のねらいだけでなく、端末操作自体に慣れることや、「クラウド環境での端末活用は便利だな。助けてくれるな。仲間とつながって助け合えるな」と実感することもねらいの一部になるわけです。特に活用をはじめたばかりのときは、算数の授業であっても、ねらいの比重が後者の方が高いこともありえるでしょう。**手段が手段として機能するためには、その前に「手段が目的ともなる時間」が一定必要だという当たり前の事実に向き合いましょうということです**。

学級担任の先生方は、4月の学級づくりをイメージしてください。スタート時期は、学び方や子ども同士の関わり合い方をふくめ、授業の進度が少し遅れてでも、「この時期に

5 「技能の習得」などの表現が一般的ですが、道具に触れ続けることで技能が習得されていくイメージで「慣れる」と表現しています。

これをしっかりしておくことが大切だ」と思って授業中にやっている「基盤づくり」があるのではないでしょうか。それと同じです。「教科等の本質的なねらいとずれたことがメインになっている」などと指摘するのは、子どもも、そして教師も道具に十分慣れてからの話です。最初の頃は、「1時間で終わる授業が端末を使ったために2時間かかった」などということもありえるでしょう。道具に慣れることも目的に入っているので当然です。

「授業が遅れてしまう」などといって、そこで慣れるための時間や指導をおろそかにしていると、いつまでもクラウド環境や端末の便利さを享受できません。それでは、長い目で見たときに効率化できるはずのところにずっと時間がかかってしまいます。実際、道具に慣れた子どもたちの活動のスムーズさは目を見張るものがあり、いわゆる一般に言われるような進度の遅れはすぐに取り戻してしまう事例をたくさん見ています。それどころか進度が早く、時間をかけたいところ（深く考えたり対話したりしたいところ）に時間をかけられるようなスリム化が図られています。これも4月の学級づくりと同じです。4月に焦らずに丁寧につくった学級の基盤があるからこそ、その後のくらしや学びがスムーズに展開しやすくなるのです。

私は、お招きいただいた学校が、例えば授業公開などをされる場合、実践される先生が

「道具の慣れや体験自体も大事にしたい」と意図しているのなら、そのことを共通理解できるように以下のように提案しています。すなわち、学習指導案の本時のねらいには、A「教科等のねらい」とB「ＩＣＴの慣れやＩＣＴを使った『学び方』のねらい」の２つの項目をたてて明記してもらうということです。これは詳細には二つの意図があります。

一つは授業者と参観者が、授業のねらいや教師の意図を一面的に見ない視点をもつこと。子どもや教師の実態等、様々な状況に応じて、手段自体が目的にも含まれることはありうるのです。二つは、授業のねらいには階層や比重があり、Ａ・Ｂのねらいの比重が、年間や学年が上がるにつれて移行していくというスパンをもった授業経営が必要であることを意識していただくことです。いずれ道具やそれを活用した学び方が完全に「手段」になれば、その段階に来た子どもたちの授業では、ねらいからＢの項目は外れていくでしょう。

ちなみに、ときおり「デジタルの道具におぼれて直接的な体験が薄れる」とか「教科等の本質を見失う」などという批判を見かけることがありますが、それは子どもや教師が道具の意味を捉え違わなければ起こらない批判ではないでしょうか。**直接的な体験や教科等の学びをおろそかにしているのではなく、それらを充実させるために効率化できるところは行い、時間確保や学びの深まりの手助けになる道具を便利に操れるようにしているので**

す。さらに言えば、**授業で子どもの自己決定を大事にしたいのであれば、活動に使う道具を選択できるための道具の便利さの理解や技能の習得は欠かせない**はずですね。

この節で述べてきたことは、クラウド環境を含む端末操作などの技能だけでなく、それを含めた情報活用能力[6]全般においても同様のことがいえます。現在、情報活用能力は、学習指導要領において「学習の基盤となる資質・能力」として位置付けられていますが、それ自体を単体で育むような教科や領域が位置付けられているわけではありません。教科等の学習内容との関連や発達の段階によって、情報活用能力が副次的なねらいとなったり、ときには比重が大きいねらいとなったりする時もあるはずです。

「目的と手段」という見方は確かに授業を観る視点の一つですが、何が目的で何が手段かを授業者も参観者も安易に決めてかからず、子どもの実態や段階を踏まえてよく問い直しながら、協議も多様な視点から可能性を広げるものにしたいですね。何より、実際の授業では、教師や参観者の予想と異なる子どもの姿が見えることがよくあります。そこからこそ、私たちは自分の枠組みを問い直す学びを見出したいものです。

6　情報活用能力自体は多様な研究がされていますが、小中学校の基本方針としては文部科学省「教育の情報化に関する手引―追補版―（令和2年6月）」はわかりやすいと思います。

04

授業で使うよりも、教師が校務で慣れるほうが先

自分が使っている道具の中で、誰かにもそれをおすすめしたくなるときは、どんなときでしょうか。もちろん、便利だと感じたときですよね。ここには単純かつ大切な真実があるように思います。**教師が心から「便利な道具だな・やりやすい環境だな」と感じていない道具や環境を、子どもたちに本心からはすすめられない、つまり活用を促す授業などできないということです**。そうであれば、実は「校務でも授業でも使う」というよりも（できればそれがよいですが）、まずは、**先生方が校務で便利さを実感することのほうが先です**。

その道具が便利かどうかは、やはり使ってみなければわからない、慣れなければ便利さもわからないのが現実です。今まで自分が使っていた道具とは大きく異なる性質のものとなればなおさらでしょう。実際、クラウド環境をフルに活かして授業をしていると感じられる学校は、職員室でそれ以上に活用しているし、先生方はクラウド環境のない頃には不便

で戻りたくないと言われます。

実際に、クラウド環境で現在進行形共有ができ、共同編集ができるということが、どんなことに便利に活かされているのでしょうか。例えば、

■会議中にクラウド型の文書作成ツールを使えば、書きこまれるメモを全員が画面で見合いながら会議が進み、必要に応じて誰でも書きこめます。議事録は会議終了とほぼ同時にでき、微調整で完成です。

■運動会などの行事の反省記録も、他の先生が記入していようがかまわずに、いつでも誰でも同じところに書きこめます。項目をつくってそこに記入してもらえば、誰かが回収してまとめる作業など必要ありません。

■紙媒体の提案・連絡文書などほぼ必要ありません。むしろ、URLを共有したりキーワードで検索したりすれば、端末やスマホですべて確認できます。私のような整理整頓が苦手な人間も、端末一つですべていつでもどこでも確認できます。

■朝の電話対応も、口頭での丁寧なやりとりが必要な件にしぼり、欠席・遅刻連絡などは、保護者からの簡単なクリック送信で済みます。欠席状況はすべて一覧に反映されます。

休みが増えてきた子どもなど、気がかりな情報も学級・学年・全校など多様な単位ですぐにわかります。

■職員同士のチャットを使ったコミュニケーションも活発で、学年チャットや全体チャットなどが使われています。ちょっとした事務連絡や日常の子どもへの対応や相談事を書きこみ合うことができます。チャットでは書けないことであれば、チャット内で時間を調整し合えば対面での相談の場も設けやすくなります。

■誰かが研修に行って学んだことで「いいな」と思ったことは、教職員全体のチャットにメモされ、みんなの学びとなり、そのまま学校全体の財産となります。また、普段の授業で効果的だったことやちょっとしたネタ、隣の学級や次年度にも使えそうなものもアップロードして即座に共有したり、来年度までその記録を残したりすることもできます。当然、そのような先生方は、自治体主催の研修先でも、紙媒体ではなくPCを使って活動や記録をしています。記録面でもその後の共有面でも「便利だから」です。紙媒体の方が頭に入りやすい人も、手書き機能のアプリを使ってPCで作業しています。

■今は360度カメラも数万円で購入できますから、それで撮影した授業動画をアップロードしてチャット等でＵＲＬを知らせ、時間があるときに見合い、意見交換をしている学校も増えています。360度カメラの動画ですから、子どもの様子、教師の様子、全体の様子など、視点を自由に変えながら視聴することができます。

■校内研修は、ねらいや内容によって、「同じ時間に集まって対話しながら進めるもの」と、「非同期で動画や資料を共有し、各自で時間のある時にそれを見て学び、記述した振り返りを期日まで共有し合うなどして学ぶもの」に分け、効率化を図っています。

…今、あえて一気に書き出してみましたが、いかがでしょうか。これだけ「便利」で「楽」になるのです。すでに行われている学校は「そんなのもう当たり前」と思ったことも多いでしょうし、他にも便利な活用は多々あります[7]。しかし、「ちょっとイメージできないな」と思われた方もいらしたかもしれません。全国の状況はそれだけ差があります。

7　Google for Education 発行『はじめよう！これからの教員の働き方　Google for Education を活用した校務事例ブック』や、Microsoft Education による校務のデジタル化の事例紹介（https://www.microsoft.com/ja-jp/biz/education/gigaschool-school-affairs.aspx）、前出の文部科学省ＨＰ「StuDX Style」の校務に関する事例など、たくさん情報が出されています。学校や自治体の実態をもとに、ふさわしい参考事例を探すとよいでしょう。また、そこからの気づきによっては、必要に応じて、「このように使えるようにできませんか」と管理職や自治体に相談することで、現場の先生方が活用しやすい環境がより整っていくと思います。

それが「慣れるまでは判断できない」といったことにつながってきます。触れてみる、体験してみることで、「ああ、確かに便利だ」と思い、何度もやって慣れてみることで、「こんなに便利ならあんなことにも活かせそう」とアイデアが浮かぶのです。

ただ、ここまで書いておいて申し訳ないのですが、**体験したことのない人には言葉の説明ではなかなかわからないというのが、道具の普及において難しいところです**。わかりやすい図で視覚的に示せばよいなどの問題でもないのです。**道具は「まず使ってみる」という体験からしか、気づきも実感も慣れも何も始まらないということです**。逆に言えば、これらは慣れれば必ず便利で楽だと思うものなので、言い方は適切ではないかもしれませんが、だまされたと思って使っていただけたらと思います（本当に不便だと判断すればなくせばいいのですから、それを判断するためにも）。少なくとも、先に一気に書いた事例は、業務を軽減し、子どもと向き合う時間や教師の余裕を増やそうとする便利な道具だったのではないでしょうか。ただし、やはり慣れなければ効率化はできないですよね。かけ算九九と同じで、習得してしまえば計算が速くなりますが、習得するまでは多少の苦労はあるものです。九九をはじめ、**子どもたちには学習において必要な習得を促しているのだから、われわれ自身も「習得した姿」ではなく「習得しようとする姿」のお手本となりたいもので**

すね。

そして、これは私が見てきた多くの先生たちをもとにしているだけなので恐縮ですが（しかしその範囲内においての確信はあります）、**便利だと実感すると、教師は学級で使いたい衝動やアイデアがわいてきます。**教師というのは、楽しい学級にしたい、成長を促したい、いい授業をしたいと常に思っていて、いい道具だとわかると、「子どもがこんなふうに使ったらいい学びができるのではないか」「これを使うことが常態化したらこんなことが起こるのではないか」などと考える生き物だと、たくさんの先生方と接していつも感じています。それは道具の便利さを実感し、慣れてから飛躍的に起こります。

働き方改革につながる道具への慣れと活用が、豊かな学級づくりや授業づくりのためのアイデアにつながっていくことになります。何より、便利さを実感するからこそ自信をもって子どもたちに活用をすすめたくなるはずです。そのためにもまずは校務で、楽になりそうな、できそうなところからやってみましょう。そして、そのように「まずは使って慣れてみよう」とする教師の姿勢を子どもたちはよく見ていて、チャレンジの姿勢は伝染していると感じます。**教師のチャレンジ精神と子どものチャレンジ精神は同型なのではないでしょうか。**

05

「授業での効果的な活用法を学ぶ→再現する」ではなく、「試しながらよりよくしていく」

「授業における○○の効果的な活用法を知りたい」…教師がよく抱く願望であり、よくあるご質問です。だからこそ世に事例集は出回るのであり、参考になります。教育に携わる者にとって、「より効果がある活用法」を求めたくなるのは当然です。

しかし、クラウド環境やそこで使われる端末は、教育や授業に特化して創られた道具ではありません。教育を含め、あらゆる社会的な活動に活用できるような汎用性の高いものです。教育分野に特化したツールもありますが、クラウド上で操作できる文書作成アプリや表計算アプリ、プレゼンテーションアプリなどは、教育でもそれ以外でも活用できる汎用性の高いものを使っている学校も多々あります。

前節でも述べたように、教師は本来、自分でよい授業をしたいと志向している生き物です。慣れれば慣れるほど、「授業でこのように子どもが使うと便利で学びに役立つ道具になるのではないか」という仮説が浮かんできます。その仮説を検証する意味で使ってみる。それでよいのです。「こうすればどんなときでもうまくいく」と世間でまことしやかに言われる方法を聞いて、ときに教師が違和感をおぼえることがあるのは、自分の学級の様々な文脈を踏まえたときに、「そうとは言い切れない」というセンサーが働くからでしょう。

　教育学の世界においてもよく議論にあがることですが、教育は子どもの実態をはじめ影響する変数が多すぎるので、万能薬などないのです。そうであれば、大枠の考え方や道具の可能性を学んだら、あとは自身で実践する（試して獲得していく）ことこそが大切であり、充実感もあるし、やらされ感もないものです。答えは外部にはありません。誤解のないように言うと、だからといって事例集に意味がないということではありません。**無からアイデアなど浮かばないのでどんどん参考にすればよいのですが、事例は自分の学級や学校の実態に応じて取捨選択するものだということです。それが効果的かの答えは実践の中にしかないということです。**その意味でも、前節までに述べた「手段が目的化するような時間」が教師にも子どもにもあってよいのではないでしょうか。

　そのような**教師の挑戦マインドは、子どもに同型的なものとして伝染するものだと思います。**「予測不可能なこれからの時代には、学び続け、挑戦し、失敗を恐れないマインドを育てることこそ大切だ」とよく言われますが、そうであれば何より教師がそれを体現することが求められるはずです。**自分が体現していなければ、子どもに態度でも言葉でも実感をもって伝えられるはずがないからです**。これは、自分が便利だと感じていない道具をすすめられないことと同じです。

そして、**教師が楽しみながら前向きにそのような挑戦ができるように、先輩方、管理職、そして自治体が、見慣れない挑戦的な実践などを安易に否定せず、あたたかく見守っていただけたらと思います。またそのためにも環境を制約しすぎずに、教師が主体的に挑戦できる開かれた整備体制を整えることこそが重要な役割になります**。

ちなみに、ICTを活用したときにそのテクノロジーが授業等にどの程度の影響を与えているかを示す尺度として有名なものに、SAMRモデル（PUENTEDURA 2010）[8]があります。この尺度は四段階になっており、

S（代替）…アナログでできることをデジタルで代用する

A（拡大）…デジタルで学習効果を拡大する

---

8 Puentedura, R. “SAMR and TPCK: Intro to advanced practice.” 2010.
http://hippasus.com/resources/sweden2010/SAMR_TPCK_IntroToAdvancedPractice.pdf

M（変形）…授業デザインが変形する

R（再定義）…これまでなしえなかった新たな実践や価値を生み出す

と解釈できます。ご興味のある方は参考にされると、実践やその評価に活かせると思います。ただ、これは大いに参考になる一方で、例えばMやRのような発展を遂げていると感じる学校の先生方に話を聞くと、「便利に使えそうだと思ったことをいろいろ試しているうちに、気づいたらそうなった」と語られることも多いです。そして職員集団の中でまねし合うことが起こり始め、それが広まったと話します。「まずはSから」などと考えてみるのもよいですが、**できそうなこと、便利そうだと思ったこと、ひらめいたことなどをまねし合ったり試したりしているうちに、授業が変わっていくような在り方でよいのではないかと思います**。そして、MやRに特に影響するのはやはりクラウド環境における子どもたちの端末活用です。クラウドを便利だと思って使ううちに、一気にRになっていく実践もあるでしょうし、クラウドを活用しても既存の枠組みに変化がない部分もあるでしょう。教科の本質などを踏まえて既存のものに教育的価値を感じたからその部分は変わらなかったのでしょう。**大切なのは継承や変化の中身をはじめから決めつけず、「楽しみながら」「まねしながら」「試しながら」柔軟に検討し続けていく姿勢ではないでしょうか。**

06

クラウド環境でアイデアも情報も共有して『みんなでお得』という『職員集団』に

前節まででお気づきになったと思いますが、クラウド環境は職員集団の多様な「つながり」もつくりやすくします。このことを学級づくりとの関係も踏まえて考えてみましょう。

教師は誰でも、「状況に応じて助け合う子どもたちになってほしい」「協力し合う子どもたちであってほしい」「その中で一人一人の思いや願い、個性も大切にしてほしい」と願います。一方で、子どもにそれを願い、支援するのなら、そのような在り方自体を職員集団が体現できているかが問われるはずです。かくいう私も、教諭時代を振り返ると、もう少し職員室でこうすればよかったな、という反省ばかりです。**子どもたちに心地よく仕事や学びができる共同体になることを願うのならば、教師がそれを体現しようとするという同型性を大切にしたいものです**。「みんながハッピーになる、得をする集団になるため、そのような仕事の仕方のために」クラウド環境を利用するという考え方です。**それによっ**

て職員同士がつながりながら仕事に取り組む。その在り方が子どもたちにも同型的なものとして伝染するような学校を目指したいものです。具体的に考えてみましょう。

クラウド環境は、「即時の情報共有」「作成物の同時共同編集」「時間を選ばない非同期の情報共有」「作成物の時間差編集」のすべてを可能にします。日々の連絡事項はもちろん、ちょっとした気づきや伝えたい情報を、離れていても画面上で即時共有。忙しければ時間のあるときに確認。学年行事における留意点などの情報共有は、そのときだけでなく、来年度の同じ学年への申し送りとしてそのままデータで残す。授業で試してよかったネタや方法はチャットで共有。データが残るのでいつでも参考に。授業で使える資料は共有すればどの教室でも即活用可能。子どもたちにもクリック一つで配信。誰かが研修に行けば、職員全体に資料画像と「印象に残った一言」をセットにしてチャットで送信して学びを共有。…等々、**互いに貢献し合い、得をし、学び合う。時間をかけたいところにかけられる余裕を生み出す。お互いのやり方を共有・参考にしながら、それぞれが自分の個性も出していく。…これは教師はもちろん、実現したい学級の一つの姿ではないでしょうか。**

よりよい共同体づくりとそれに役立つ道具の利用。それを職員集団・子ども集団の両方で実現する学校を目指してクラウド環境を利用するという前向きな考え方をしたいですね。

07

子どもに環境を制約しすぎない
勇気・寛大さ・信頼

子どもたちが傷つかないように、問題が起こらないように、安全を確保して教育活動を行いたいというのが、子どもたちを守ろうとする大人の気持ちでしょうし、その役割は大切です。問題を未然に防ぐことは、社会生活においても大切なことでしょう。

しかし、それが強く働くと、自治体や学校の環境整備やその規約は、「何らかの危険性があるものは使用しない」という方向になりがちです。問題未然防止の観点「だけ」を大切にするのならば、それがいちばん「手っ取り早い」です。例えばチャットなどの機能にしても、「それによって望ましくない言動ややり取りが起きるのならば規制しよう」などです。

一方で、前にも述べたように、私たちは「守る」だけではなく、「教育」をしています。教育とは何かというのは哲学的にも非常に難解なテーマですが、人間を「経験からよりよい生き方を更新し続けていく存在」と見るならば、どのような経験を周囲が組織していくかが教育の一つの見方と言えるでしょう。では、子どもたちが積むべき経験をクラウド環境や端末活用という視点からどのように考えるとよいのでしょうか。

「転んでけがをしたら危ないので、子どもたちに運動場を走らせないようにしよう」とは誰も思いません。確かに転ぶこともあるかもしれませんが、走らないと走る力も体力もつかないし、ときには転ぶ経験もするから、転ばないような身のこなしを身に付けるのです。それが学ぶということでしょう。それと同じで、触れさせないということは、「ことなかれ」は実現できるけれども、学びも生じません。学びを生じさせるのであれば、制約しすぎず、子どもに日常の係活動等でもチャット機能やアンケート機能などでの意見交流や情報共有を認めるなど、可能な範囲でたくさん道具に触れさせようとする方針が大切ではないでしょうか。

また、休み時間に約束や制限時間を守ってネット検索を許可したり、「キーボー島アドベンチャー」[9]など、ゲーム感覚のタイピング検定サイトで遊ぶことを推奨したりするのもよいと思います。子どもたちが楽しみながらタイピングに慣れ親しみ、その技能を高

9　スズキ教育ソフト株式会社が、小学校での情報教育用に開発・運営しているタイピング検定サイト。

めることは、授業における指導時間の短縮につながります。

確かに、ある程度の自由性をもたせることによって、小さなトラブルや失敗が起きることはあるでしょう。しかし、包丁と同じで、正しい使い方やモラルを学ぶことが肝要なのであり、道具自体に罪はありません。先ほども述べたように、トラブルや失敗の原因を道具や環境の機能そのものに押し付けて禁止するのは、手っ取り早い対応ではあります。ただしそれでは、**いずれ使うことになるものの正しい使い方を学ぶ機会を奪うことで管理しているだけ**であり、教育的対応としては適切とは言えない部分がないでしょうか。

「現実はそんなに簡単ではない。管理側は規制も必要で、きれいごとだけでは指導は成り立たない」と言いたくなるお気持ちもよくわかります。

しかしあえて考えてみていただきたいと思います。人間の成長や学びを促す教育的な配慮とは、触れさせないことではなく、

■小さなトラブルや失敗は起きるかもしれないと想定して（覚悟して）、起きたとしたらそれを学びの機会にできるように対応しようという勇気をもつこと

■子どもがやってみたいということを認める寛大さをもち、トラブルや失敗が大きすぎるものにならないように、普段から継続的な指導を行いながら見守ること

■子どもたちは、経験を糧によりよい道具との付き合い方を学ぶことができる存在であると信頼すること

ではないでしょうか。平野（1994）[10]が自身の研究をもとに繰り返し主張する、**すべての教育の前提となる人間への信頼、子どもへの信頼、能動的学習者としての信頼の重要性は、クラウド環境や端末活用の文脈でもゆるぎなく重要な前提であると思います。**

10　平野朝久『はじめに子どもありき』学芸図書、1994年。

08

基本は「いつでも携帯・いつでも使える」

教育界では、主体的な学び、自己調整などの言葉が飛び交っていますが、それらの根底には、学習者の意思（意志）の尊重や自己決定性の重視があります。もちろん、学校教育の特質上、学習者だけで目標・内容・方法のすべてを決定するなどということは現実的ではないでしょう。発達の段階や実態で程度も異なりますし、人間は他者の提案に従ってみることで未知の世界と出会ったり、それに興味・関心が湧いたり、学びが深まったりすることもよくあります。しかし少なくとも、日々のくらしや授業の中で自己決定の幅をできるだけ広げることを教師が意識しなければ、子どもは主体的に学んだり自分で自分を調整しようとしたりすることはできません。そのことを、道具や環境の側面から考えるとどのようなことが言えるでしょうか。**「教師が使用場面を決めて使わせる」ことばかり行っていると、子どもは「この道具は使えと言われたときのみ使うものなのだ」という認識を強**

化してしまいます。そうではなく、道具を必要に応じて自分で選択し、便利に使いこなす子どもを私たちは目指しているはずです。そうであれば、問題解決のための方略として活用するような授業づくりや、それが可能となる環境づくりが教師の役割になります。

教師が授業で鉛筆や消しゴムの使用を逐一指示することはあまりないでしょう。まったくないとは言いませんが、少なくとも学年が上がるにつれて「使って当たり前」すぎて子どもも教師も意識しなくなっていきます。**クラウド環境の端末も、鉛筆と同様の文房具として見ることができるかどうかではないでしょうか**。教師が子どもたちを授業で意図通りに動かしたいと思うあまり、細かい指示を出している場面を見かけることがあります。道具活用の決定権が教師にあるのです。そうではなく、子ども自身が使いたい時や使うべき場面を判断する日々の積み重ねこそ大切にする必要があります。先進的な学校を見ると、

■いつでも机上や手の届くところにあり、使用開始までに数秒しかかからない。

■使用してよいかの確認などとらず、いつでも子どもの判断で使用可能。機器が壊れないための基本的な使い方などは初期段階でしっかり指導。大人でも不注意で落とすなどのことはあるのだから、注意は促すけれど、ときには不具合が生じることも覚悟する。

という点が共通しています。「自由に使わせると、道具にばかり気を取られて、学習内容

に集中できない。だからこちらが必要なときのみ必要なことだけ活用させる」という考え方をされる方もいるかもしれませんが、逆です。子どもの立場で考えてみましょう。たまにしか使えないから端末でいろんなことをやってみたくなるのです。いつでも使いたい時に使えるという常時携帯・常時活用にしていれば、やがてよい意味で子どもたちは道具そのものに対しては飽きてきます。使うのが当たり前だからです。その過程を経てはじめて、道具自体に触れることは目的ではなく手段になっていきます。学びやくらしの向上のためにという目的で使うようになっていきます。それでも授業以外のことに子どもたちが夢中になるのなら、それは道具ではなく、授業の在り方自体を検討対象にすべきことです。

もちろん、いきなり丸投げではなく、低学年など初期段階での教師の指示や基本的な指導、実態を捉えながらの段階的な指導は必要ですが、徐々に決定権を委ねていき、いつでもどこでもほぼ自由に使えるように見守っていく。活動内容によって、使うべきか否か、使うならどのように使うかを子ども自身に考えさせる。自分で判断して使ってみた結果、失敗してもよいのです。**大事なのは失敗させないことではなく、失敗をもとに考える機会を与えたり、教師が気づきを与える支援をしたりすることです。そのことが活きた学びとなり、自己調整を促すことになり、主体的に学ぼうとする力につながっていきます。**

09 二項対立の罠に気を付ける

一見、相反するような二つの事象や命題があったとき、それを二項対立的に考えることは、それぞれのよさや課題などを整理し、思考を深めることに役立つことがあります。一方で、苫野（2017）[11]も言うように、そこには「問い方のマジック」にかかる恐れもひそんでいます。例えば、テレビ番組などで、「ほめる教育がよいか、叱る教育がよいか」などがテーマとなり、出演者の方々が議論するようなものを見かけることがあります。もちろん比率を問うているのだろうとは思いますが、気を付けなければ「どちらかに正解がある」「二者択一である」かのように話し合われたり、その決着を付けるために片方がひどく否定されたりする事態が生じます。しかし冷静に考えれば、私たちが深く検討すべきは、『その子』と接するにあたり、「どのようなときにどのようにほめることが大切で、どのよ

11　苫野一徳『はじめての哲学的思考』筑摩書房、2017年、63頁。

うなときにどのように叱ることが大切と考えられるか」であるはずです。頻度の違いはあるにせよ、教師や大人として片方しか行わないことなどほぼありえないのではないでしょうか（そもそも子どもと接する時は、その二択以外の在り方も多様にあるはずです）。

教育界では、二項対立的に考える必要がある場合もあるにせよ、そうでないことまで安易にそれに陥ることがよくあるように思います。ここでは、クラウド環境が学びの在り方に対して影響を与えうるという文脈から、二項対立の罠に気を付けることや、事項によっては、そもそも二つに分けて考えることが妥当なのかについても考えてみましょう。

──(1) 紙（アナログ）かデジタルか

これは最も原始的な話題で、今時対立するものではないでしょう。「目的や状況に応じて」と言ってしまえばそれまでのことです。ただ、もし「手書きの方がやりやすい」「タイピングよりも手書きの方が脳が活性化する研究結果[12]もあるから紙がよい」などの理由

12 例えば、Askvik, Eva Ose; Van der Weel, Frederikus; Van der Meer, Audrey. 2020. "The importance of cursive handwriting over typewriting for learning in the classroom: A high-density EEG study of 12-year-old children and young adults." *Frontiers in Psychology* 11, 2020. では、タイピングよりも手書きの方が子どもの脳活動が活発になることが示されています。

なら、それは「紙かデジタルか」の判断理由としては意味をもたなくなってきています。タブレット画面への手書き機能も進化し、筆圧による太さの違いも含め、ペンも画面シートの材質も紙と書き味が変わらないほどのものが出てきていますし、今後ますます進化していくでしょう。今や「デジタル＝タイピングやフリック入力」というわけでもありません。タイピングも手書きも自由に一体的に使えるアプリも出回っています。しかもクラウド環境で半無限にデータを残せる上に、共有しやすいことを考えると、かつて記述するものが「石板」から「紙」に変わったように、デジタルに置き換わるのも自然です。

一方で、画用紙にクレヨンの油の匂いや水彩絵の具の水気を感じながら書く・描く、模造紙に複数人で肘が触れ合いながら書く、半紙に墨液を含ませた筆で書いて滲む、砂地に枝で書くなどの体感は、空間や偶然とも相まって独特の感覚を人間にもたらします。そのような体感はデジタルには（少なくとも今はまだ）なく、豊かに味わってほしいものでしょう。逆に、ディスグラフィア（書字障がい）など、文字を綴ることが苦手だけれど、タイピングや音声入力であれば自己表現力を存分に発揮できる子どももいます。子どもの特性はそれぞれです。

大切なのは、「○○だからデジタルではなくアナログで」の○○の部分が、子どもたち

や「その子」にとって本当の意味で妥当か、意味があるか。ただ単に大人や教師の慣れを押し付けるためのこじつけになっていないかという検討の視点です。

⑵ 口頭の直接対話か
――チャット等による画面文字の対話か

教育や学びの場面において「対面で互いの表情を見ながら口頭で言葉を交わすこと」の価値を否定する人はいないでしょう。チャットやコメント機能で即座に共有できるからといって、それがなくなることはありません。

しかし同時に、そのような対話を補助したり、物理的に不可能なときに時間や空間、人数を気にせず伝えたいことを発信したり受け取ったりするためには、コメント機能やチャット機能が便利なのは疑いようがありません。発言が苦手な子が表現することを助けたり、その場では時間がなかったけれど伝えたかったことを文字で伝え残せたりなど、子どもの思いや願いを大切にすることに役立ちます。直接対話が大事だからとチャット等の機能を否定するのは筋違いです。

大切なのはどちらも織り交ぜながら意見交流を立体的にしたり、逆に情報過多になって困りそうな子どもや場面では限定したほうがいいのかなどを「子どもにたずねたり相談し

たりしながら」検討したりし、個や学級集団の実態に応じて「よりよい」をともに模索していく営みです。

—— (3) 個別か協働か

これも今さら対立するものと誰も思わないことですが、あえてクラウド環境を踏まえて少し考えてみましょう。中教審（2021）の答申[13]でも、「個別最適な学びと協働的な学びの一体的な充実」という表現が示され、全国至るところで流行のように使われています。私個人としては、「個別的な学び」「自己決定性の高い学び」や「協働的な学び[14]」などの言葉は子どもの学びを検討する視点の表現としてあってよいものだと思いますが、教育や

13　中央教育審議会「『令和の日本型学校教育』の構築を目指して～全ての子供たちの可能性を引き出す、個別最適な学びと、協働的な学びの実現～（答申）」2021年。

14　ここで言う「協働的な学び」については、文部科学省の説明のみならず、学術研究としても「協働学習」「協同学習」「協調学習」「学び合い」など関連用語が複数あります。cooperative learning と collaborative learning の訳語としてそれらがあてられ、その定義がなされたり違いが説明されたりすることもあります。しかし、学問分野や研究者によってこれらは説明が様々であり、理念的な概念として説明されたり、方法論的な概念として説明されたりもしています。本書では、学術研究のような厳密な使い分けはせず、広義に「友達を含め、他者と協力したり助け合ったり提供し合ったりして学ぶこと」をまとめて「協働的な学び」と表現することとします。

学びにおいて「最適」という表現を使うことには慎重でありたいという立場です。人間教育や人間の学びとは、ある営みや選択が「最も」適しているかどうかなど自分にも他者にもわかるはずがなく、「適しているのではないか」と推測することしかできません。例えば「難易度」という一面的なものさしで適していたとしても、ちょうどよいことがその人間の人生や経験として常に「最も適している」と言えるかは疑問です。適していないと思われた選択や出会いが、結果として貴重な経験になったと本人の人生に意味づくことはいくらでもあるし、逆に適していると思ってやったことがそうでなかったとわかることもあるでしょう。むしろ、やってみて適切でなかったと気づくこと自体がその後につながる重要な学びになることもあります。

本人も他者も、適していたかを判断したり解釈したりできるのは、いつも選択の結果を感得した「後」でしかありません。そのときどきの状況における偶発性が生み出す教育や学びの力への畏敬や謙虚な姿勢は大切だと思っています。その意味で、もう一度「個別」「協働」あるいはその「一体的な充実」とクラウド環境の関係を考えるとどうなるでしょうか。ここでは、「子どもそれぞれが個別のテーマや課題を探究したり自由進度で学んだりしている授業の場合」と、「学級またはグループなど、集団で共通のテーマや課題を探究している授業の場合」に分けて考えてみましょう。

①それぞれが個別の課題を探究したり自由進度で学んだりしている授業の場合

クラウド環境では、子ども一人一人が「個別の課題」をもって活動している授業においても、異なることをしている友達の学び方を画面で参照したり、それをきっかけに直接相談に行ってみたりすることができやすくなります。そうなればもはや個別か協働かというより、学びを進めていく中で本人の判断で個別になったり協働になったりが入り混じることになります。その意味ではまさに一体的な充実と言えるでしょうし、個別課題を追究しているからといって孤立しているわけでもありません。

そこで教師にできることは、「そっとしておき、求められれば相談にのる」「見取りをもとに、アクセスするとよさそうな情報源を『一案として』助言する」「友達の追究を参考にしたり関わったりすることを『一案として』提案してみる」程度です。子どもが自己決定しながら学ぶのですから、ときには選択や判断が妥当でない場合もあるでしょう。しかし、自己決定の結果としてそれに気づくから自己調整していくのです。**もし「最適」なるものがあるとするなら、その子の選択・判断自体が最適なのではなく、その選択・判断がよい結果をもたらしたりつまずいて遠まわりしたりすることで自ら学んでいくこと自体を**

指すものでしょう。そうなると、個別にやるか協働するかまで含めて選択・判断の対象となるので、個別的な学びも協働的な学びもひっくるめたその子の試行錯誤や自己調整の総体が「最適な学び」と言えるのかもしれませんね。自立した学び手とはそのようなことを指すのではないでしょうか。

（いずれにしても、本書では先に述べたように、人間の学びの偶発性への畏敬もこめて、「個別『最適』な学び」とは表現せず、文脈に応じて「個別的な学び」や「自己決定性の高い学び」と表現させていただきます）

②学級やグループなどの集団で共通のテーマや課題を探究している授業の場合

①で述べた協働が、「目的や解決が個々によって異なる学び」のために必要に応じて助け合うものであるのに対し、この②は学級やグループなどの集団で共通の課題を力を合わせて解決しようとする時の協働です。共通の課題をともに解決するのですから、それ自体が協働と言えますが、テーマの内容や質によって、次の三つのパターンが考えられます。

A　まずは個々人が自分のアプローチで解決を図る↓それを交流してよりよく解決する
B　解決のために必要なことを分担してそれぞれの役割を果たす↓持ち寄って解決を図る
C　みんなでともに話し合うなどしながら集団思考を中心に解決を図る

Aの場合、前半は自己決定的に個別的な学びをしていると言えます。また、途中でクラウド環境を活かして、友達はどのように考えをつくっているのか、どのような情報を活用しているのかというプロセスを参考にしたり自分に取り入れたりするという協働関係もつくることができます。

Bの場合、役割分担して集めている個々の情報や考え方をつなぎ合わせたり関連付けたりするような協働がなされるでしょう。分担して活動している最中もクラウド環境を活かして参照し合いながら自分の役割の参考にしたり、役割の違いを意識したりしやすくなります。

Cの場合、チャット機能などを使えば、発言している子どもだけでなく、誰でも考えたことをつぶやくことができます。ホワイトボードアプリなどの共同編集を使えば、互いの考えを付箋で記入し合って整理しながら話し合うことなどもできます。

ちなみにクラウド環境を活かしつつ、授業のねらいや状況に応じて、ときには教師が計画的に「ここは個別的な活動を中心に」「ここは互いの情報や意見交流など協働的な活動を中心に」と位置付けることもあるでしょうし、「それらの決定も含めてコントローラーを子どもに委ねる」こともあるでしょう。「子ども主体が大切なのだからいつでも決定は子どもで」「学ぶべき学習内容があるのだからいつでも教師の計画の上で」など、片方だけが常に『その子』の学びによいとは限りませんし、どの比重も様々です。**ねらいや教科等の特質、子どもの実態も含め、状況に応じてどういうときにどのような個別や協働の「子どもへの委ね度合い」や「教師の意図的指示」が学びの深まりにつながるのか。日々、実践を通して検討し続けるのが省察的実践家としての教師の在り方と言えるでしょう。**

(4) 自己決定か、他者提案の受け入れか

(3)にも関わりますが、人間の学びは複雑です。教師は、子どもが主体的かつ自律的に学ぶ力がつくように、一人一人に自分の思いや願いで学びたいことや学び方やペースを自己決定させたいと願うものでしょう。実際、加藤(1982)[15]の提唱したそのような「指導の個別化」「学習の個性化」の概念は、令和になって「個別最適な学び」の説明としても適用されています。例えば奈須(2021)[16]も示すような、順序選択学習や課題選択学習、課題設定学習など、順序等の方法から内容、課題まで、自己決定の幅も多様でしょう。

---

15 加藤幸次『個別化教育入門』教育開発研究所、1982年。
16 奈須正裕『個別最適な学びと協働的な学び』東洋館出版、2021年、175―186頁。

しかし、**「自己決定する」ということと、「よくわからないけれど他者からの提案にのってみる」ということには、それぞれに価値があるものです。**前者は思いや願い、自己への向き合いからスタートするよさがありますが、思いや願いは、自分のそれまでの経験や志向性が規定しているものです。ときには未知のものや未経験のもの、あまり興味はないけれど「のっかってみる」ことで気づけるものがあることも事実なのは、経験を振り返ると誰にでも思いあたることでしょう。学校は、多様な他者と関わる場所であり、YouTubeと違って、見たいものやリコメンド以外からの提案がなされる場所としての価値があります。クラウド環境が自分のペースの学びや自己決定、自由な他者参照をやりやすくするからといって、学びのすべてがそれぞれのペースや選択でというわけではなく、教師の提案を受け入れてそれをやってみたり、友達の「問い」をみんなで取り上げて探究課題に据えたり、そのために協働的な活動が生起したり、グループや全員で向き合って議論したりする。そのことにクラウド環境を活かす学びも大切にしたいものです。**他者からの提案の受け入れや便乗によって、その子の中に、自己決定だけではなしえなかった「想定外の学び」が立ち上がることも、学校で学ぶ重要な価値の一つでしょう。**

――(5)「子ども主体」か「教師主体」か

これもここまでの話につながるのですが、「GIGAやクラウド環境が『先生が教える』から『子どもが主体的に学ぶ』に授業を変える」とか、「これからは子ども主体の新たな授業観になる」といったフレーズを耳にすることもあるので、触れておきましょう。

まず、「子ども主体」というのは、「教師主体」を否定するものでしょうか。「学びの主体者は子どもである」「子どもが主体的に学ぶことを大切にする」というのは、誰もが耳にタコができるほど聞いているでしょうし、また思われていることでしょう。確かにそれは、教師主導で子どもが受動的な態度になることのないように意識する上で大切でしょう。

しかし、そもそもクラウド環境がない頃から、徹底して子どもが自ら学ぶことを尊重する実践、教師の一方的な教授を主としない実践やその授業観は、知らない人もいるだけで様々ありました。それに、「子ども主体」は、「教師主体」を否定することにはならないはずです。否定するのだとしたら、子ども主体は、教師が「受動的」になるべきということなのでしょうか。受動的な教師とは、言われなければ動かないということでしょうか。明らかに違和感がありますよね。そもそも問い方がおかしいわけです。**教師も、「教育者と**

して主体」であり、受け身の存在ではありません。子どものために教育的意図をもって関わる主体、授業をデザインする主体、子どもとともに対象世界に向き合って、ともに考える主体です。

その意味では、クラウド環境やそこで使用する端末等は、子どもの文房具であるとともに、教師の教具であり、教師の文房具でもあります。子どもに何かを示したり提供したりするのはもちろん、子どもがどのようなプロセスでどのような考えをつくっているのかを見取る。子どもが何と向き合って試行錯誤しているのかを見取る。どの子と協働し、あるいは参考にしながら学ぼうとしているのかを見取る…等々。**そのためにクラウド環境で端末も利用し、情報をもとにどう関わるかを自身で判断するのが教師の主体性です。**ただし、端末画面からの情報ではなく、生の声、表情など、直接的な見取りこそ最重要な情報であることは当然です。**これも、それぞれの情報を二項対立で捉えるのではなく、両者のよさを利用しながらの判断・ふるまいこそ、教師の主体性であり専門性としてこだわるべき部分と言えるでしょう。**つまり、子どもと教師が「ともに」主体として創るのが授業であり学びの場なのではないでしょうか。

──（6）「授業に合わせた環境利用」か「環境に合わせて変わる授業」か

そうなると、教師の主体性や専門性は、子どもの学びに資する環境整備と授業づくりにあらわれてきます。当たり前ですが、クラウド環境や高速通信ネットワーク、使いやすい端末など、前提としての学習環境を整備するだけではよい学びは生まれません。授業づくりが教師の仕事の肝です。しかし、昔ながらの職人気質のような授業づくりにばかりこだわって、現代的な環境を整備・活用しないことは、テクノロジー進化の恩恵を享受するという点からも、これからを生きるデジタルネイティブの子どもたちへの授業という点からも、得策とは言えないでしょう。理想の授業のために大いに利用しましょう。

ただし、**いわゆるこれまでの「授業づくりの基本・理想」と思われるものに固執し、「その実現に環境を合わせる」という視点ばかりで道具や環境を利用する授業づくり観では、それらを最大限活かすような柔軟な授業や学びは発展していかない**でしょう。環境を整備すること（環境や道具を使うこと）と、その中で生まれるアイデアを試しながら「べき論」に固執しない授業づくりに挑戦してみること。ときには斬新な実践例をまねしてみること。そのような中で、**これまでの教科教育学の知見や実践知の蓄積の何を本質的に継承**

し、何を柔軟に変化させるのかを、とらわれをすてて検討し続けること。それがクラウド環境における日々の営みになるでしょう。

――(7)「教科の深い学び」か「情報活用能力」か

従来から重要とされてはいたものの、現行の学習指導要領の記述やGIGAスクール構想によって、情報活用能力の重要性がさらに注目されるようになりました[17]。学習指導要領では、情報活用能力は、言語能力、問題発見・解決能力と並んで、「学習の基盤となる資質・能力」として位置付けられています。確かに、例えば国語科の学びでは文章の叙述など、言葉を中心的な情報として活用しながら思考しますし、社会科であれば社会的事実が示された資料や見学内容を情報として活用し、社会的な問題を考えます。理科では実験・観察の結果を、音楽では自分のイメージや楽譜を、図画工作科では素材のテクスチャなどを情報としてそれらを活用しながら思考・創造します。情報活用能力がすべての学習

17　情報活用能力の具体的な要素についてはここでは詳述しませんが、例えば文部科学省「教育の情報化に関する手引き（追補版）」（2020年6月、23―26頁）では資質・能力の三つの柱に沿って、「知識及び技能」については3区分、「思考力、判断力、表現力等」については1区分、「学びに向かう力、人間性等」については2区分で整理されています。

の基盤として位置づくのは妥当でしょうし、その力を育むことは、あらゆる情報が氾濫する情報社会で生きる上でも子どもたちにとって不可欠と言えるでしょう。

また、**義務教育では、情報活用能力そのものを育むことを中核のねらいとした特定の教科や領域が教育課程に位置付けられているわけではないため、各教科等の学びを通してそれを育む必要性を考えると、情報活用能力は手段でもあり目的でもあるものとして授業の中では位置づいていくことになります**。

しかし、「これからの社会は情報活用能力こそが重要であり、それがあれば教科の学びはコンテンツの違いに過ぎない」ととれるかのような言説も見かけるようになっており、そこには注意が必要です。教科等の「見方・考え方」がクローズアップされたり、「教科する（do a subject）」授業（石井 2020）[18]という提案がなされたりするのは、教科ならではの文化的・学問的・芸術的・技術的な営みの魅力や可能性に気づくことであり、本質的なプロセスの味わい深さの体験であり、追求です。**それは社会側が要求してくるむき出しの実用的能力の育成だけが目的ではありません**。人生の豊かさや幸福、思慮深さに通じる

18 石井英真「「見方・考え方」概念の活かし方―教科教育の現代的課題―」『現代アメリカにおける学力形成論の展開 再増補版』東信堂、2020年、372―385頁。

可能性のある、それぞれがもつ独特の見方・考え方や価値に子どもが触れたり、その好みに気づいたりする機会を提供することでもあります。

その教科ならではの本質的な原理や方法論を味わいながら学びを豊かにする授業は、クラウド環境によって平均化されて薄れるのではなく、**情報活用能力を基盤としながら各教科等でさらに深められていくべきもの**だと思います。**そのような鋭角的な見方・考え方を大切にして通底する概念を獲得できるような味わいある授業にするからこそ、対象とするコンテンツ自体は精選でき、カリキュラムのスリム化にもつながるのです。**

ここまでいろいろと見てきましたが、もちろん、「何でも相対主義」のように、検討もせずに安易に「どちらも大事だよね」としてしまうことも問題です。しかし、どちらか一方と考えるべきではないことをそうしないよう、それぞれにどのような価値があり、どのような状況においてどちらがどのような関係や比重になるのかをよく検討しようとする姿勢を大切にしたいですね。

10 「影」に留意する

ここまで、基本的にはクラウド環境を便利に利用するための前提となる考え方について、主にテクノロジー進化の恩恵を享受する意味で述べてきました。一方で、本章01(4)で道具の二面性について述べたこととつながりますが、道具や環境の影の部分に留意することはとても重要です。

学びやくらしを豊かにするために機能させるためにも、その部分を確認しておきましょう。

(1) 健康面の留意

クラウド環境で電子機器端末を活用するのであれば、避けてはならない留意事項です。

文部科学省が総務省との連携で立ち上げた「学びのイノベーション事業」の実践研究報告

書（2014）[19]では、児童生徒の健康面への影響等に関して、当時ＩＣＴ活用に先進的な取り組みを実施していた187校、１０８０名の教員を対象としてアンケートを行った調査結果を公表しています。

その中では、ドライアイや視力の低下、睡眠の質の低下等への影響があるという回答結果が得られています。それももとにしながら、文部科学省は、「児童生徒の健康に留意してＩＣＴを活用するためのガイドブック」（２０２２年3月改訂版）[20]も公開しています。画面への映り込みの防止や同じ姿勢を長時間続けないようにすること、机の高さ、適度な休憩など、留意することがわかりやすく示されていますので、参考にして指導することは大切です。

19　文部科学省『学びのイノベーション事業実証研究報告書』2014年、276―288頁、第7章２「児童生徒の健康面への影響等に関する配慮事項」。https://www.mext.go.jp/component/b_menu/shingi/toushin/__icsFiles/afieldfile/2014/04/11/1346505_15.pdf

20　文部科学省『児童生徒の健康に留意してＩＣＴを活用するためのガイドブック 令和４年３月改訂版』2022年。https://www.mext.go.jp/a_menu/shotou/zyouhou/detail/20220329-mxt_kouhou02-1.pdf

―(2) 情報過多に対する留意

教科書の情報だけでなく、多様な情報に触れやすくなったこと、また、リアルタイムで友達の考えやプロセス、意見に触れやすくなったことは、クラウド環境を利用する大きなメリットであることは述べてきた通りです。

一方で、情報が多いことがどのようなときでもよいとは限りませんし、子どもたちの実態によっては、それ自体が助けになる場合と、負担になる場合とがあります。困ったときに友達の考えを参考にしたり、自分の考えと友達の考えを比較したりして学びを豊かにしている子どもたちを学校現場の実践でたくさん見てきましたが、子どもの特性は多様です。情報が多すぎることで混乱する子どもにとっては、情報を限定することで落ち着いて学ぶことができる場合もあります。

さらに一方で、今度はそれを避けるために「みんなが迷わずわかりやすいように、授業の情報はいつもできるだけシンプルにする」という考え方が出てくることもありますが、それはそれで、シンプルであるがゆえに学びを単調に感じ、「もっと多様な情報をもとに考えを深めたいのに」という子どもも出てきます。情報に対する触れ方も含め、子どもの学びに対する感覚や学び方には多様な特性があるわけです。

ＵＤＬ（学びのユニバーサルデザイン）[21]の理論も、「学習者は多様である」という認識をその根底にしており、みんなが学びやすい同一の授業方法やカリキュラムではなく、学習者が自分の特性をもとに学び方を選択しながら学び続けることができるようになることを大切にしています。**そのような個々の違いがあることを前提におくならば、情報活用の文脈でも、「画面にたくさんのものがあってわからなくなりそうなら、無理に見なくても大丈夫ですよ」「そのような設定もできますよ」「参考にしたかったら、いろいろな情報を得ることもできますよ」と選択肢があることを示し、子どもが自身の学びやすさをさぐることができるような支援を心がけたいものです。**子どもが自身の学びやすさ自体を迷っていたら、相談にのったり、一緒に考えたりする教師の寄り添う姿勢も大切ですね。

21　ローズら（David H. Rose, Anne Meyer, Nicole Strangman, Gabrielle Rappolt "Teaching Every Student in the Digital Age:Universal Design for Learning", Association for Supervision and Curriculum Development, 2002.）が発表し、その後アメリカのＣＡＳＴがガイドライン（"The UDL Guidelines" 2018. https://udlguidelines.cast.org/）を示している理論。「取り組みのための多様な方法の提供」「提示のための多様な方法の提供」「行動と表出のための多様な方法の提供」という三つの原則が示されています。

(3) 道具を放棄せずに影を避ける方法を検討する姿勢

道具の二面性のところでも述べたように、便利なものは、使い方を誤ったり過度にそれに寄りかかったりすることで、何かが衰えたり逆に負担になったりすることはありえます。便利だからこそ、人間関係の上でもプラスにもマイナスにも利用できてしまいます。

しかし、そのことや健康面を懸念する方も、仕事ではクラウドやインターネット、PCを利用されている方がほとんどのはずです。便利な道具や環境を利用するのは、簡略化できるものを簡略化し、時間をかけてじっくり考えたいことに集中できるようにするためです。深く豊かな探究に役立てるためです。「つながり」を多様で豊かにするためです。そのような目的を意識して利用の仕方を検討することが影を避けることにつながります。**影を避けるために道具の便利さまでを放棄するのではなく、「縛られないように、のまれないように注意しながら利用する」という姿勢や考え方が大切ではないでしょうか。情報モラルをはじめ、影に留意して道具を使う態度や能力を育むことは、これからの社会を考えたり生きたりする子どもたちには必要不可欠なものです。**

第2章

クラウド環境を活かした学級づくりの考え方

本章では、第1章を基盤として、クラウド環境を活かした「学級づくり」について考えていきましょう。

本書は「考え方」を検討するものですので、まずクラウド環境を活かした学級づくりの前に、そもそも「学級づくり」や「よい学級」を本書ではどう考えるかを検討します。その後、「クラウド環境を活かすことができるための学級づくり」と「クラウド環境を活かした学級づくり」を具体的に考えていきます。後者では学習指導要領において「学級経営の要」と示されている特別活動での具体的な活かし方なども考えていくことにしましょう。

01

どういう「学級づくり」を目指すことを「よい」とするのか

書店やインターネット上には、「学級経営」や「学級づくり」に関するハウツー本や情報がたくさんならんでいます。それだけ、みなさんの関心や需要が高く、また、そこに難しさややりがいを感じられるということでしょう。それらの書や情報から学べることは多々ありますね。本書もここから「学級づくり」に視点をあてて考えていきます。

何度も述べてきたように、クラウド環境やそこでの端末等が、目的を果たすための便利な道具・環境であるとするなら、その目的としての学級づくりにおいても、「目指す『よい』学級づくりとは何か」から検討しておく必要があります。ただ、おことわりしておくと、理想の学級や学級づくりとは何か、というのは教育学的にも実践的にも一つに集約できるものではありませんし、学校の理念、教師の教育観、地域の願いや子どもの実態、発達の段階などと切り離して規定できるものではありません。よって、「本書では、大枠でこのように捉えます」ということをお示しするものとしてお読みください。

(1) 本書における「学級づくり」

教師として「学級経営」という言葉を使わない方はいらっしゃらないと思います。ただ、そもそも「学級経営とは何か」ということは学術的にも様々検討されてきましたが[22]、明確に一つの定義がなされているものではありません。学習の条件整備と捉えるものや、経営的側面に特に目をむけたもの、あるいは学級教育の部分や全体を学級経営と捉えるものなど代表的な整理がいくつかあります。現場感覚としては、「学級経営」≒「学級づくり」と捉える方もいるでしょう。学級経営学は私の専門の一つでもありますが、ここではその議論が主題ではありませんので、本書におけるクラウド環境を活かす対象を規定することとします。すなわち、「必要に応じた教師の指導・支援のもと、子どもが学級の中で行う人間関係づくり、集団づくり、くらしづくりの総体」を「学級づくり」とし、それを対象とすることとします。

22 下村哲夫『教育学大全集14 学年・学級の経営』（第一法規出版、1982年）、児島邦弘『学校と学級の間—学級経営の創造』（ぎょうせい、1991年）、白松賢『学級経営の教科書』（東洋館出版、2017年）などに詳しい。

・人間関係づくり…子どもがよりよい人間関係の在り方を考えたり形成したりすること
・集団づくり…学級全体としてよりよい集団を考えたり形成したりすること
・くらしづくり…日々の様々な活動を計画・実践・評価・改善したり、臨機応変に思いついたことを試したりしてよりよく営もうとすること

(2) 「よい人間関係」「よい集団」「よいくらし」をどう考えるか

では、具体的に学級における「よい人間関係」「よい集団」「よいくらし」をどのように考えればよいでしょうか。これも様々な見解があると思いますが、ここでは、社会の変化やこれからの社会をイメージするとともに、アドラー心理学の「共同体感覚」[23]、苫野の「自由の相互承認」[24]などの概念を援用しながら検討しておこうと思います。

よし悪しはまったくの別として、明治以降の政策により確立されてから戦前までの義務教育は、極めて大まかに言えば、いわゆる強い国をめざす一員としての「日本国民」やそ

23 岸見一郎『アドラー心理学入門』(ベストセラーズ、1999年)などに詳しい。アドラー心理学やその中の鍵概念の一つである「共同体感覚」は、研究者によりその解釈や内実は完全に一致しているわけではありませんが、ここでは大枠としては岸見の論に依拠して展開しています。
24 苫野一徳『どのような教育が「よい」教育か』(講談社、2011年)などにおいて提唱。

の意識を共通につくる教育（軍隊や工業大量生産を意識した人材教育）として、みなが正確に同じ動きをし、与えられた規律に等しく従うことが求められました[25]。戦後、民主主義を基本として教育は検討されてきましたが、高度経済成長期の工業時代でも、時間を等しく守ることや集団的な労働力は必要であったため、自覚のあるなしに関わらず、「同じことを同じように行う」ことを促す人材育成的な教育は続き（一定求められ）、例外はあれど今日まで多くの学校にその影響は残ってきました。それは同調圧力を生みやすいなど課題もありますが、教育の機会均等の面や、和を重んじる心や勤勉さに通じる面では、日本の教育を支えてきた部分もあると思います。

しかし、現在やこれからの時代、それはいつでも大切といえるようなものではなくなっています。社会の仕事や働き方は、同僚が同じことを同じ時間に行うのではなく、個々人の状況や合理性を踏まえて、それぞれの場所でそれぞれに適した時間に行い、必要なときのみ時間や場所を共有するということも増えてきました。また、社会はかつてないほどに多様な情報が氾濫し、誰でもアクセスできることで、価値志向も著しく個別化・多様化し

25　途中、西洋の新教育思想の影響を受けた大正新教育運動などが展開されましたが、昭和初期にかけての軍国主義の強化等によりそれが日本の義務教育の中心となることはありませんでした。

ました。家族がみんなで茶の間に集まり、そのときの流行や定番のテレビ番組を見ながら団らんしたり、次の日は学校で子どもたちがみなその話題をしたりする時代は終わりました。時間も場所も関係なく、それぞれが興味のある情報や好みのエンタメに個別にアクセスして楽しめるようになりました。子どもたちは学校に行かなければ触れられない情報よりも、自宅のＰＣやスマホで簡単にアクセスできる情報の方がはるかに膨大で刺激的なものになりました。今後、これが加速することがあっても、後退することはないでしょう。

大人だけでなく子どもも含め、みんなが個人の趣味趣向で多様なことに触れられる自由を得ました。それは同時に、教師の強制や同調圧力で「みんな同じことを同じペースで行う」ことに対して、子どもたちは（よい意味で）ますます疑問や抵抗が出てくることを意味します。これまでもずっと言われてきたことですが、そもそも子どもはそれぞれ興味・関心の実態も能力の実態も異なりますし、特別な配慮を要する苦手さや得意さをもった子どももいるわけですから、当然とも言えます。多様性を大切にする社会や学校というのならばなおさらです。もちろん、集団生活を営む上では、一定のルールは必ず必要なものですし、それを守ることはお互いの過ごしやすさのためには欠かせません。それを学ぶことは今後も学校の意義の一つであり続けるでしょう。しかし、一般社会よりもさらに「みんな同じ」であることが多かった学校という場に勤める教師は、このような社会の変化や子どもが埋め込まれている状況の変化にはより敏感であるべきでしょう。

つまり、これまでも大切だったことですが、このような社会で生き、これからも生きていく子どもたちにとっては特に、「学級でともに過ごす人たちの自由を大切にする」「学級の人たちの心や体、自由を侵害しない限り、自分も自由である」「互いの自由を尊重・承認し合うために日々の営みを調整し合う」という関係を具現化できることが「よい人間関係」の一側面であり、そのような関係を具現化しようと成員全員に意識されている集団が「よい集団」の一側面になると思います（自由の相互承認）。そこでは、「わたしはわたしとしてあっていいのだ」という感覚を育みやすいはずです（後に示す共同体感覚に必要とされる「自己受容」）。ちなみに私自身、「みんなの心を一つに」「一致団結」のような言葉や雰囲気が嫌いではない人間です。もちろんそれ自体は状況によっては素敵なことですし、否定はしません。しかし気を付けなければ、それを教師の好みとして子どもに押し付けてしまい、いつでもみんなで同じことをやることの強制や同調圧力の増幅を促してしまいかねません。そのことに敏感でなければと思っています。

しかしさらに一方で、それは子どもが社会的な関わりをもたないということでは決してありません。アドラーは、人は他者を信頼でき、また貢献でき、関わり合いの中に居場所があると信じられる感覚（共同体感覚）をもったときに幸福を感じられるものだとしました。自分を大切に思うだけでなく、周りの人にも関心を向け、その人たちを大切にしたいという感覚とも言えます。そうであるならば、自由を相互に承認しつつ、「みんな（あるいは部分としての集団）が同じことを行うこと」や、「ともに目的を共有してやりとげること」にまったく意味がなくなったとは誰も思わないでしょう。それこそ重要であるときもあるはずです。では、強制や同調圧力ではない中でそれが子どもにとって意味をもつのはどんなときでしょうか。

・「これはみんなで考えるべきことではないだろうか」「一緒にやってみたい」「彼の提案にのってみようか」と協力する必要や価値を感じたり、

・「あの子に一緒に考えてほしい。助けてほしい」「みんなに相談したい。相談にのってくれるはずだ」と頼りたくなったり、

・「あの子のために一緒に考えてあげたい」「みんなのために私はこういうことができる」という貢献の気持ちや貢献できるという自己有用感を抱いたりするなど、

子どもたち自身が、興味・関心はもちろん、それに限らず「頼りたい気持ち」や「貢献し

たい気持ち」も含めて、グループや全員で協力したり貢献し合ったりする意味や意義を見出した場合です。その気持ちにしたがって関わり合えるのは、「必要だと承認し合ったときに力を合わせる」「困ったときには学級の誰かやみんなに頼ることができる」「私は頼られる・貢献できる存在である・できている」という人間関係であり、そのような関係でつながった集団です（共同体感覚に必要な「他者信頼」「他者貢献」）。これも「よい人間関係」「よい集団」の一側面だと思います。それは必然的に、一緒に過ごす空間の中で、一人で何かをやることも、声をかけ合って誰かと仲よく遊ぶことも選択でき、心地よく感じる関係であり集団であり居場所になるでしょう。これらのように、

- **自己を受容し、自由の相互承認を志向し、それを具現化しようとする集団**
- **一人一人が、「困ったときはお互い様」の精神で必要に応じて頼り合い、貢献し合う関係を実現しようとする集団**
- **それらにより、同調圧力ではない、しかし必要に応じて協力して問題解決ができる関係でつながった心地よい居場所としての集団**

を本書では「よい人間関係」「よい集団」と考えます。

もちろん、そのような関係や集団の十分な実現は簡単ではありません。大人でも難しい

ことです。現実のくらしの中では矛盾や葛藤にぶつかることもあるでしょう。だからこそ、**完璧であることではなく、日々の具体的な各活動（教科等の学びも含めて）の中で、そのような関係や集団であろうと常に意識して過ごすことと、目的をもって試行錯誤しながら活動を充実させようと過ごすことを合わせて「よいくらし」と言えるのではないでしょうか。**

ここまでのことは、「学級づくり」だけでなく、教科等の学びにおける「個別的な学び」や「協働的な学び」の一体的な充実にもつながります。「自由の相互承認」や共同体感覚の「自己受容」は、学ぶ内容や方法を自己決定しながら学ぶことの土台や具現化になりますし、「他者信頼」「他者貢献」は、必要に応じて友達に頼ったり、友達に貢献したりする協働的な学びに直結する人間関係であり集団のありようになるからです。授業において子どもに豊かな学びが生まれるかどうかは、学級内の人間関係の豊かさが影響することは言うまでもありません。同時に、ともに関わって学ぶことが豊かな人間関係の形成にも大きく影響します。このスパイラルな両者の関係は、学級担任であれば誰もが実感として納得するところでしょう。

――⑶　そのような「学級づくり」における教師の役割

(1)において、「学級づくり」を「必要に応じた教師の指導・支援のもと、子どもが…」と規定しました。つまり学級づくりの主体は子どもです。では、必要に応じた教師の指導・支援とは何でしょう。

私は新任教師の頃、「お互いを認め合い、仲よく助け合える学級、学びやくらしに楽しく前向きに取り組み、高め合える学級をつくる」ことが大切だと思っていました。(2)とつなげるならば、「よい人間関係、よい学級集団、よいくらし」をつくることこそが教師の仕事だと思っていました。もうおわかりだと思いますが、それは教育ではなく管理にすぎなかったのだと思います。学級担任がすべきことはそうではなく、「よい人間関係、よい集団、よいくらしをつくる」**ことができる子どもをつくること**です。似ているようで大きく異なります。自分たちで心地よいくらしができる関係や集団をつくる力が育たなければ、担任がいなくなったり変わったりしただけで心地よくくらせなくなってしまいます。自分たちの場所を自分たちで心地よくしているという感覚は子どもたちにオーナーシップの感覚と充実感ももたらします。**学級をつくるのは子どもであり、学級をつくることができる子どもが育つよう指導・支援するのが教師です**。そのために、どのような環境を整備するか、何をどのように指導・支援したり価値付けたりするか、あえて何もせずに見守るか、段階的に何をどの程度手放しながら子どもに委ねていくか…等を、状況を見ながら判断し、実践するのが学級担任の役割です。**クラウド環境がどのように活かせるかを考えて活用のアドバイスをすることもここに入るわけです**。

ここまで、学級づくりの要素である人間関係づくり・集団づくり・くらしづくりの「よい」とはどういうことか、また、教師としての目的や役割の大枠について検討してきました。学級づくりに関する多様な方法や実践事例は書籍やインターネット上で様々発信され、どれも素晴らしいものです。しかし、それはいったいどういう学級や子ども同士の関係の「理想」を求めているのかを明確にして実践しないと、事例の方法が再現できていれば学級づくりがうまくいっているかのような錯覚に陥る恐れがあります。クラウド環境やそこでの端末等も同じです。それが便利に機能しているかを判断する時、あるいは具体的な活用方法に迷ったときは、形式をまねたり参考にしたりするだけではなく、いつでも「どういう学級づくりを目指しているのか」「それを支援する私（教師）のおおもとの考え方や方針はどういうものだったか」に立ち返りながら検討したいものです。

02

クラウド環境を活かすことができるための学級づくり

「卵が先か、鶏が先か」という言葉がありますが、前節で述べたような学級づくりとクラウド環境の関係を考えたとき、「そのような学級の基盤があるから、クラウド環境が活きる」のでしょうか。それとも、「クラウド環境を活かして、そのような学級づくりがなされる」のでしょうか。もちろん、どちらもであり、相互に影響し合う関係にあります。ただし、どちらが先か、と問われれば、クラウド環境を活かした活動を行うことができるための基盤として、学級のある程度の状態は必要です。人を傷つける言葉が飛び交う教室でチャットを無制限に使わせることは、見守りではなくただの放任でしょうし、自他の端末を大切にしない集団の中でクラウド環境は活きるはずがないでしょう。よってここでは、「クラウド環境を活かした学級づくり」を具体的に行う前の「クラウド環境を活かすことができるための学級づくり」に視点をあてて考えてみましょう。

(1) 人権尊重の基盤を徹底する人間関係・集団づくり

これは、クラウド環境が整備される以前から、学級担任として全国の教師がずっと大切にしてきた、「人権意識の高い人間関係づくり・集団づくり」にあたります。こういう意識を徹底しようとする学級でなければ、クラウド環境が効果を発揮しなかったり、道具の負の側面が出てきたりするだろう、というものです。白松（2017）[26]は、学級経営を「必然的領域」「計画的領域」「偶発的領域」の三領域に整理していますが、そのうちの「必然的領域」がこれにあたると言えます。白松によれば、必然的領域は学級経営の基盤的位置付けです。「児童生徒一人ひとりが人格をもった存在であることを尊重する態度」の徹底であり、教師が「自己と他者の「心と体」を傷つける言動や行動は許さない指導」を徹底することの重要性が述べられています。それは、「リスペクト（自己と他者への敬意）」が根底に流れる、あたたかく安心できる人間関係・集団づくりと言えるでしょう。**教師が人権を尊重する言動を積極的に価値付け、人権を侵害しうる言動は許さないという毅然とした態度をくずさないこと。そして、その感覚が子どもたち同士の中にも根付くように、入学、**

26 白松賢『学級経営の教科書』東洋館出版、2017年。

進級などあらゆる初期段階から常に徹底して指導・支援することは、どのような学級でも共通して大切なことです。仮にそれに関わる問題が起こったときは、曖昧にも後回しにもせず、すぐに反省や成長の機会にする場が教室であるという感覚が子どもたちに浸透する必要があります。前節において、学級づくりは、教師の必要に応じた指導・支援のもとで子どもたちがつくっていくことと述べましたが、人権意識に関しては、何より教師自身が率先して毅然かつ一貫した態度をとることは重要な教育行為であり、子どもが日々を過ごす教室環境の一部としての重要な在り方でもあります。

もちろん、子どもたちは（というより人間はみな）、複雑な感情をもつ生き物で、誰しも完璧な聖人ではありませんから、「絶対に自他を傷つけるような言動をしない保証のある人間」になることなどそもそもできません。それを待っていたらいつまでもクラウド環境を活かした端末活用などできません。人権感覚を大切にしていても、多様な感情やその起伏は当然誰にでもありますし、ときには他者に対して否定的な感情を抱いてしまうこともあります。ここでの人権尊重の基盤とは、常に完璧な言動ができることではありません。**人がともに生きていれば、ときにはマイナスの感情が生まれてしまうことは誰にでもあることを素直に認めた上で、「それを間違った言動にうつすことはあってはならないのだ」**

という価値観とそう努力する構えが根付いていることです。言動が完璧にできる保証はなくても、その「構え」が根付いていれば、ときにマイナスの感情がわきあがっても、丁寧にその原因を見つめつつ、前向きによい関係を築けるように日々を過ごそうとします。それでもトラブルが生じることはあるでしょうが、あとはクラウド環境や端末活用の中で、ときには小さな過ちも経験しながら学んでいく、生きていく。それが人間関係づくり・集団づくり・くらしづくりでしょう。コミュニケーションツールが複雑化した社会だからこそ、そのような人権尊重の基盤を徹底しながら、クラウド環境の中で丁寧に日々をつむいでいくことが大切になります。

――(2) ものを大切にする基盤

これも至極当然のことですが、ものを大切にするという意識について、今一度徹底する基盤が必要です。自他の心や体を大切にし、傷つける言動は許されないという(1)は、端末等、自他やみんなの「もの」を大切にすることも間接的に徹底が重要です。不注意による文房具の不備は、自分や他者の学習権を侵害することにつながるからです。

ただし、心や体を大切にすることもそうではありますが、ものを大切にするという点で言えば、**大切にしようとする心や態度だけでなく、具体的に「大切にする取り扱い方」を指導することはとても大切です。**端末の扱い方などは、当たり前ですが下の学年であるほど丁寧に指導する必要があります。例えば、「端末の大切な扱い方」がわからない子どもが失敗したとします。そのときに教師が、「もっと『ものを大切にする気持ち』をもちましょう」というような評価や改善を促すのはナンセンスですね。適切な扱い方がわかるような指導を十分に受けていないのに、内面や態度の問題にすりかえられて改善を求められても、子どもは困るだけです。**指導と評価の一体化という言葉がよく使われますが、大切にしようとする気持ちだけでなく、はじめはしっかりと「大切にできる取り扱い方」を丁寧に指導したり、それに沿って行動を評価したりするのが教師の役割になります。**その中で、ものを大切にする意識で過ごすくらしが子どもたちに根付いていきます。

――(3) クラウド環境を活かした学級づくりと相互の関係に

(1)(2)において、「クラウド環境を活かすことができるための」前提の学級づくりについて考えてきました。前提ですので、「それがなければクラウド環境を十分に活かせない」ということではありません。しかし先に述べたように、クラウド環境を活かすことと学級づくりとは相互の関係にあります。適切に使おうと意識しながら使うことによって人権意識やそれを大切にした具体的な活用の仕方がより成長しますし、気を付けながら使うことで大切に扱う習慣や技能もより高まります。

よって、前提を大切にしつつも、それればかり気にして子どもをいつまでも信頼せずに使わせないというのも、逆に成長を阻害することになります。幾度か述べてきたように、クラウド環境を活かした情報共有やチャット等の機能は、豊かなつながりを生み出したりコミュニケーションを活発にしたりすることにとても便利なものです。透明性が高い中で使用させることは推進してよいと思います。不適切なやりとりがなされる恐れがあるという懸念からいつまでも使わせないという対応は、問題の本質をすりかえているにすぎません。チャットだろうが口頭だろうが身体的な表現だろうが、心や体、人権を傷つける言動はあってはならないということが根付くことが大切なのであって、「道具のがれ」「環境のがれ」という防止策は、現実社会に適した人権感覚を育み根付かせ続けるという教育使命から目をそらすことになります。そのためにもクラウド環境やそこでの端末活用の日々は必要になるはずです。教師は小さな失敗や過ちは起こるものだと覚悟することも大切です。その経験から学べることもあるからです。**⑴や⑵は、それが大きく人権を侵害したり学習**

を阻害したりするものにならないための基盤づくりなのです。

なお、「授業中、関係のないことで端末を扱わない」などの基本的な規律指導は当然必要ですが、第1章で述べたように、まず触れることを日常化することで、めずらしさによる端末そのものへの興味は解消されていきます。しかし、道具にも慣れ、規律的な指導を徹底しても、関係のないことを子どもがしてしまうかもしれません。それは学級づくりの基盤や子どもの実態や規律指導の問題というよりは（それも一部あるとは思いますが）、言いづらいですが、テーマ設定や活動の仕組み方など、教師の授業づくり自体の魅力にも課題があるように思います。真摯にそこに向き合うことも大切にしたいものです。

ここまでを踏まえ、以降の節では、「クラウド環境を活かした学級づくり」の具体的な工夫や効果について考えていきましょう。

03 クラウド環境を学校生活のルーティンに活かす

人は社会生活を送る上で、程度の差はあれど何らかのルーティンをもっています。それは学校生活でも同様です。先ほど紹介した白松の学級経営三領域でいえば、このことに関わる領域は「計画的領域」にあたります。「きまりごとや手順に従った学習や生活」ができるための環境整備やきまりごとの習慣化に関する領域です。子どもたちが自由に心地よく過ごしたり、安心して何かに挑戦したりするための土台とも言えます。ここでは、「つながり」の中でその土台を築いたり、そのような集団の在り方を体得したりすることができるように、クラウド環境をどのように活かしていけるかを考えてみましょう。

(1) 安心な見通し・準備のための「つながり」に活かす

朝学校に来てから帰るまでの大まかに定まった手順をルーティンと考えると、日々時間割に沿って生活することはその一つと言えます。教師は週末に次週の時間割を、あるいは帰りの会で翌日の時間割を印刷物で配布したり、口頭や板書で伝えて、子どもは連絡帳にそれを記入したりして備える。…私が学級担任をしていた頃には当たり前だった風景です。大事なことをよく見聞きして記録することは子どもの生活力としても大切でしょう。

しかし、現在の社会では、仕事の連絡が必要な事項は、クラウド上のデータやその保管場所のURLで知らせ合うのが主流になっています。端末とインターネットがつながる環境さえあれば、必要な時にどこからでも確認することができます。出張が多くても安心です。リマインド機能もあるので、予定やそのときに必要なものを適度な時期に通知してくれたり、仕事仲間がクラウド型のチャットでみんなにリマインドを流してくれたりします。私のような「忘れ物番長」は、「助けてくれてありがとう」という思いでいっぱいになりますし、それによって仕事や社会生活をスムーズに過ごすことができています。ときには、私が連絡をしたり必要なデータを共有したりすることで「助かった、ありがとう」と言ってもらうこともあります。確かに自分のことを自分で注意することは大切ですが、気を付けても忘れることは誰にでもあるし、そういうことに強い苦手意識をもっている人もいます。司馬遼太郎は、社会を「支え合う仕組み」と表現していますが[27]、**社会のコミュニティの中で、人は「助けてもらっている」「貢献できている」という心地よい感覚をもてることで、安心してその中で毎日を過ごしたり、その維持やよりよい在り方を志向していくようになったりします。それならば、社会におけるこのようなクラウドの活用を、学級でも同じように活かすことができれば、学級の中で子どもと教師、子どもと子どもが「つながり」をもち、安心してルーティンが営まれやすくなるのではないでしょうか**。

具体例で考えてみましょう。朝、学校に来てのルーティンは、端末でスケジュール管理アプリ（Google カレンダーや Outlook カレンダーなど）を開いて今日一日のスケジュールを確認し、見通しをもつこと。段階はありますが、慣れれば小学校中学年でも十分使うことができていますし、低学年でも簡単な使い方はできます。画面のカレンダーには学級担任から1～6時間目の時間帯の欄に各教科等やその大まかな内容・活動が記入されているので安心です。もちろん、授業の在り方によって内容をどこまで記述するかも調整すればよいでしょう。それだけではありません。慣れてくると、教師だけでなく、子どもたちが「これは忘れやすいから書いておいた方がいいかな」と考えた準備物や移動教室の情報を

27　司馬遼太郎『二十一世紀に生きる君たちへ』世界文化社、2001年。

カレンダーに書き加えたり、チャット機能（Google チャットや Microsoft Teams チャット）を使って学級のみんなに呼びかけたりしています。それに対して教師は、「それは書いておいたほうがいいね、ありがとう」と助けられたりお礼を言ったりすることもできます。またそのような子どもたちの姿に、「みんなに貢献している姿が素敵」「それをありがとうと言って自分の生活に役立てているみんなの姿が素敵」と直接称賛したり、チャットに書きこんだりしています。

このような日々の中で、子どもたちは安心して見通しをもったり、忘れ物をしていたら早めに対策をとったりしながら、学級で支え合い感謝する感覚、安心できる学級をつくっていっています。端末の持ち帰りができる学校であれば、前日の放課後などにも同様の呼びかけをする子どももいます。強制ではなく、それぞれの子どもがふと思ったときに思ったタイミングで書きこみ、自分の生活リズムの中で無理なくそれを閲覧することができるのです。**思いついたタイミングで小さな優しさのやり取りをしながら支え合うコミュニティの日々は素敵ではないでしょうか。クラウド環境はそのために活かされるのです。**

――(2) 自習時間など、自ら学習を進める習慣づくりに活かす

学校ではよく、朝などに「自習の時間」が設けられます。ただ、自習の時間というわりには、例えば計算練習、漢字練習、読書など、学校や教師にその枠組みが決められていることもよく見かけます。しかし、**自習とはその名の通り、自分で学習を行うことであり、自分で計画を立てて実行したり、失敗も含めてそれを振り返って次につなげることを繰り返したりすることで、学習内容の獲得だけでなく、学び方自体も学んでいくことです**。現在、自己調整学習[28]が注目を集めていますが、その理論も極めて簡潔に言うと、そのようにして調整しながら自分の学びを更新していくことです。

そうであれば、**カレンダーアプリなどを活用して自習の時間帯に自分で計画を立てて記入し、それを行っていくことは、見通しを持って生活していくことと学んでいくことの両方を実践できることになります**。朝自習を自己決定できるように、「カレンダー」に記入するというルーティン」をつくっているのです。しかし、学習内容の自己決定は少なからずメタ認知が必要ですから、どのような自習をすべきかの判断が難しい子どももいます。そ

28 自己調整学習研究会編『自己調整学習』(北王子書房、2012年)などを参考に。

のような子どもは、**教師や友達とクラウドでつながっていることで、友達の自習計画を参照してまねたり、うまくいかないときに教師が相談にのったりしながら、少しずつ自分の学習を自分でつくっていくことを学んでいくことができます**。ここでも、まねぶことや相談することも含めて、その子自身の自己決定を尊重することにクラウド環境が活かされるのです。

これは、持ち帰りができる学校でさらに発展させると、家庭学習や、夏休み・冬休みなどの長期休みにも活用できます。一日の計画や学習時間を自分なりに無理なくスケジュールし、必要に応じて先生や友達と相談したり共有したりする活用の仕方をしている実践もあります。**クラウドや端末を活用すること自体が大事なのではなく、自分の生活や学習を自分自身で調整したり、そのときに友達や教師に頼ったりしてよいという関係づくりや安心の獲得のためにそれが活かされるということなのです。**

(3)「情報共有」と「情報保護」の共存を考えることに活かす

述べてきたように、クラウドでつながっていることは、一日の生活の見通しや準備、自ら学習を調整していくようなルーティンの構築、それをお互いにサポートし合うための便利な「環境としての道具」になりえます。

けれども、そのように様々な情報を共有し合えるよさがある一方で、例えば自分の自習内容を共有したくない子どももいるでしょう。いくら「友達と計画を参照し合うのはお互いの成長にとってよいことです」と教師が伝え、頭では理解したとしても、「自分がやりたい学習をするけれど、あまりその計画を見られたくない」と思う子どももいるのは自然なことでしょう。「私の計画が参考になるのならどうぞ」と思う子ども。「この部分については共有したくない」と思う子ども。どちらがよいではなく、どちらも尊重される学級にすることは大切ではないでしょうか。共有して助け合うことと、プライバシーやその子の思いは尊重されることとの両方を満たす。自由を相互に承認しつつ、必要に応じて助け合える。簡単ではなくとも、「支え合う仕組み」とは、自己犠牲ではなく、お互いの幸せや自由を尊重する在り方を考え続けることでしょう。もちろん「共有したくないと思っていたけれどあの子の参考になるのなら共有してもいいかな」と考えを変えてその友達に見せるなど、生活の中でいろんな出来事も起こるでしょう。

そう考えると、これは自習に限ったことではなく、**「何を全体共有し、何を共有しないか」を各自が決定したり、必要に応じてそういう学級の在り方について話題に挙げ、みん**

なで考え合ったりすることは、現在の社会で自他が幸せに生きていくための情報共有のよさや情報保護の重要性、プライベートや公の概念を学ぶ上で大切な学びとなるでしょう。

社会に出る前に、コミュニティのよりよい情報共有や保護の在り方を、プライベート性がそこまで高くない内容の共有や保護の経験を積む中で徐々に考えていく。そのための環境としてクラウドは重要な役割を果たすことになります。ときには、共有するつもりはなかったのに設定を誤ってしまったなど、小さなトラブルが起こることもあるでしょう。だからこそ、まずは共有しても大きく困ったり傷ついたりするものではない事柄で経験させたり、これは注意が必要だと思うものは教師が制限をかけたりするなどの配慮は大切です。

しかし、転ぶことを恐れて自転車に乗せないのでは上手に乗れるようにはなりません。大きなけがにならないところで挑戦するのが学びです。安心してルーティンにクラウドが位置づくように、恐れず使用していきたいですね。

04

クラウド環境を活かした特別活動①
―学級活動

特別活動は、学級や学校での生活をよりよくするために、互いのよさや可能性を発揮できるような集団活動がなされる領域です。『小学校学習指導要領（平成29年告示）解説 特別活動編』（以下、『解説 特別活動編』）では、特別活動で育成を目指す資質・能力の重要な要素として、「人間関係形成」「社会参画」「自己実現」の三つの視点が挙げられています。

これらを視点にしながら学級や学校での生活をよりよくするための自主的、実践的な取り組みは、まさしく自他一人一人を大切にしながら人間関係づくり・集団づくり・くらしづくりをすること、つまり学級づくり（ひいては学校づくり）に直結することと言えます。実際、『解説 特別活動編』でも、「学級がよりよい生活集団や学習集団へと向上するためには、教師の意図的、計画的な指導とともに、児童の主体的な取り組みが不可欠である。まさしく、学級経営は、特別活動を要として計画され…」と示されています。白松の三つの整理で言えば、特別活動は「〈ともに学級を創る〉偶発的領域」と最も関わりが深いと言えるでしょう。

考えてみると、教科学習がその教科固有の見方・考え方を働かせたり、教科の特質に応じた対象に向き合ったりするものならば、むしろ「特別」なのは教科学習であり、特別活動の方が日常のくらしづくりと言えるのではないでしょうか。

では、そのような学級づくり（ひいては学校づくり）に直結する特別活動において、クラウド環境における端末は具体的にどのように活かされるのか。まずは特別活動の中の「学級活動」から考えていきましょう。

(1) 学級活動

―「(1) 学級や学校における生活づくりへの参画」

学級活動の内容は大きく三つありますが、(1)は、「主として自発的、自治的な集団活動の計画や運営に関わるものであり、教師の適切な指導の下での、学級としての議題選定や話合い、合意形成とそれに基づく実践を重視する。これらは、日々の学級経営の充実と深く関わる活動である」（『解説 特別活動編』）と示されているように、特に学級づくりに関わりが深いものです。『解説 特別活動編』では、事前の活動、本時の活動、事後の活動で基本的な学習過程やその内容も示されていますが、それは「一般的には次のように考えられる」とされているだけです。学級生活における子ども主体の問題解決は、それに完全には沿わず柔軟に行われていることが日常的・現実的には多々あります。そこでここでは、細かな過程ではなく、活動形態で三つに大別して具体的に考えてみましょう。

①話合い活動

内容（1）における話合い活動は、**学級の成員の問題意識を全体で共有して議題を決め、合意形成を図る営み**です。はじめに何かの問題意識が生まれるのは、一人の子どもや一部の子どもかもしれませんし、多くや全員の子どもかもしれません。いずれにしても、「これに困っている」「きまりごとをつくったほうがよいのではないか」「もっと楽しくなるためにこんなことをしてみたい」などの思いや願い（生活上の諸問題）を誰かが提案して、その問題意識を受け入れ共有して議題を決めることがまずは行われます。

これまでは、教室に「議題ボックス」などが置かれ、そこに思いや願いなどを投函してそれを計画委員などが取り上げたり、朝や帰りの会で誰かが提案して問題を共有したりし、議題を決定することなどが多くの教室で行われてきました。もちろん、みんなの前でそれを口頭で提案することもよいですが、クラウド環境ではそれがどうなるでしょうか。議題ボックスをGoogle ClassroomやTeamsなどでクラウド上に設ければ、子どもたちはいつでもそこに投函することができます。計画委員及び教師が見られるボックスでも全員が見られるボックスでも設定は可能ですから、学級の中で決めればよいでしょう。

いずれにしても、**一人や一部の問題をみんなで共有するための情報を出したり見たりすることが格段にやりやすくなります。「学級の友達はそんなことをしたいんだな」「そんなことに困っているんだな」ということを共有する「つながり」を、時間が取りづらい中でももちやすくなるということです**。いつでも見られるし、全体の話題になったときに一斉に見ることもすぐにできるからです。すると、話合い活動のための議題も決まりやすくなります。「特別活動は時間がかかる」と言われることがよくありますが、これだけでかなりの短縮です。**それは議題の決定をおろそかにする短縮ではなく、物理的な面を便利に短縮して、「議題を決定するために考える時間」を確保しやすくしているのです**。

さて、内容（1）における話合い活動の中核は、合意形成です。学級の中でどのようなきまりごとをつくるか、どんな役割をつくり分担するか、お楽しみ会で何をやるか、など、議題によって合意形成を図る内容は様々でしょう。大切なのは、安易な多数決ではなく、多様な意見を交流して合意を図ろうとする営みです。多数決自体を否定はしませんが、**安**

易な多数決は、「マジョリティこそ正義、マジョリティこそ正解」の風潮を生み出します。それはよい集団づくりやくらしづくりとは言えないでしょう。例え一人の意見であっても、それが多くの子どもたちに新たな気づきを与える重要な内容かもしれません。何より、たった一人でも、その子の大切な思いであったとき、それを取り上げて注目することは、その子にとっての他者信頼や周りの子どもたちにとっての他者貢献に関わる大切な営みです。そのためには、意見がよく交流されなければなりません。だからこそ、記録に残せたりみんなが視覚的に確認できたりするクラウドによるチャット機能などは有効に働くわけです。

口頭での意見交流はもちろん大切で、その口調やイントネーション、音声が持つ温度は重要な表現です。しかし、「時間の都合で言えなかった」「声に出しては言えないけれど、みんなにわかってほしい」ということを画面上でつぶやけば、音声では聴けなくとも、板書されなくとも、見ることができます。「○○さんがつぶやいていることって、大事なことだと思うな」という他者への気づきや話題の広がりが生まれます。これこそが「つながり」を生む対話であり、お互いを大切にする関係づくり・集団づくりであり、それによって合意を図っていこうとすることがくらしづくりではないでしょうか。

それでも時間は有限ですから、最終的に多数決で決定することはよくあるでしょう。しかしそれは、お互いの意見を十分にわかり合ったり深め合ったりした上での多数決であり、単なるマジョリティ意見による決定ではなく、少数意見も十分聞いた上での最終の合意を図ろうとする多数決です。互いの意見を言えない、受け止められない消化不良でのものとは異なります。ちなみに、最終合意として多数決をとる場合にも、アンケートアプリなどを使えば、一瞬で数はわかりますし、匿名にするかしないかも簡単に設定できるものばかりです。

他にも、書記の議事録もクラウドにあげれば誰でも見たい時に見られますし、議事録自体も、手書きのものを画像でアップロードしてもよいし、端末で打ち込んでもよいし、いずれでも選択できます。便利な使い方は多様です。

六年間の発達の段階もありますから、いきなりフル活用は当然できません。話合いそのものと端末活用を段階的に指導したり子どもが使ったりし、その実態に即した便利な使い方を教師もともにさぐりながら話合い活動を豊かにしたいですね。

ここまで検討した「話合い活動」は、次の「②係活動」における具体的な係の発足や組織づくり、「③集会活動」の内容や計画、役割分担などでも中核的な営みとなるものです。②や③では、実際の活動の中でどのように活かせるかを考えていきましょう。

②係活動

学級活動における係活動と当番活動の違いから確認しておきましょう。当番活動は、生活や学習を混乱なく営むために不可欠な仕事として輪番で誰もが行うものです。それに対し、係活動は、学級のくらしをより楽しく、より豊かにするために、仕事を生み出し、創意工夫しながら自主的、実践的に取り組む活動です。低学年の頃は、当番的な活動を行う係もありますが、徐々に係活動の意義を学んでいくと、例えば「誕生日を祝う係」「レクレーション係」「教室デコレーション係」など、子どもがつくり出したり何かを参考に取り入れたりして係の活動が活発になってきますね。それは、他者貢献にもつながりますし、自分がいいなと思う係をつくることは、貢献の仕方を自由に自己決定できるということでもあります。うまく機能すれば、まさしく自由と関係づくりをともなったくらしづくりになります。そこにクラウド環境での端末活用が常態化すれば、いろいろと便利に機能します。係員同士が案や相談を記録できるのはもちろん、例えば、

・「○○係への要望箱」や「○○係チャット」などを設定すれば、係員はもちろん、学級の友達が係に対して気軽に要望や案を出せます。それを採用したり参考にしたりして新しい仕事のアイデアが広がったり、活動の改善が図れたりするでしょう。

・係員が学級全体に、「やりたいレクレーションのアンケート」などをとりたければ、アンケートアプリを使ってすぐに希望を集計したりその理由を確認したりできます。
・係活動に対して「○○係のよいところ、ありがとうメッセージ」などを送り合うことも簡単にできます。
・活動について教師に相談する場合も、直接話せればよいですが、その時間が取れないときは、「先生へのお知らせ・相談チャット」で伝えておけば、教師はそれを見てあとからでも関わったり返信したりできます。
・活動したことのいろいろな記録にもなり、データとして残るので、子どもがそれをもとに活動を振り返って次につなげたり、教師が形成的に評価したりすることにも役立ちます。

…他にもアイデアは多様に浮かぶのではないでしょうか。このようにして、**係員と学級の子どもたち、係員と教師の「つながり」をつくるためにクラウド環境での端末活用は便利に機能します。そしてそのつながりの中で、自分たちで決めた自由な係の活動で貢献したり、係員に頼ったり、お互いのよいところを伝え合うことで信頼感や貢献感、達成感を高めたりすることに活かせるのです。**もちろん、帰りの会などで係の活動や意見を口頭で伝え合ったり、端末の中のメッセージを取り上げて称賛し合ったり、教師が価値付けたりすることも大いにされるとよいと思います。ただし、時間は有限です。十分に取り上げられなくても、時間があるときに見られる、たまに見返して嬉しくなるなど、やはり端末でのやりとりは口頭とは異なるよさや便利さがあります。

大切なのは対立的に捉えることではなく、係活動においても子どもが工夫して選択できる、よりよい活動を模索できる環境であるということを、教師も子どもも理解し、上手な選択を意識して使おうとする姿勢です。

③集会活動

学級における集会活動は、学級のくらしを一層楽しく豊かにするために、学級の全児童によって行われる活動です。「お楽しみ会」などの名称で多くの学級で行われていることと思います。そこではどのような活かし方ができるでしょうか。

例えば、集会のいろいろな場面を子どもたちが端末で撮影し、その画像や動画をクラウド上にアップロードして「思い出アルバム」をつくることも簡単にできるようになりました。撮影・画像アップロード担当などの役割があっても素敵ですね。また、それらの画像・動画に、子どもたちが楽しかった思い出をコメントで付け足すなどして生き生きとした学級の歴史を残すこともできます。学級での豊かなくらしづくりになるでしょう。そのようなことが便利に実現できる環境になったわけです。

今述べたことは、集会活動の最中や直後のことですが、集会活動を終えた後は、学級活動（1）の一連の活動という視点で子どもたちが振り返る「事後の活動」も大切です。

・事前の話合い活動において、集会のめあてや内容、進め方、役割分担などを決めたこと
・それをもとに工夫して準備をしたこと
・当日を楽しみながらも、会がスムーズに進むように運営を頑張ったこと

など、一連の活動全体を振り返ることは、単なる参加や楽しさだけではなく、「楽しいくらしは自分たちでつくる」という参画意識やそれによる充実感を味わうことにつながります。また、人間関係づくり、集団づくり、そして具体的な活動である集会づくり（くらしづくり）の視点で、よかったことはもちろん、「こうすればもっと楽しめたのではないか」「こうしたほうがさらによくなるのではないか」という課題も明確にして次につなげることが、よりよい学級づくりになります。そうであれば、一人一人がこれまでの活動を想起するための記録には簡単にアクセスできるようにしたいものです。**印刷したり教師が準備して掲示したりせずとも、クラウド上に残っている話合いの様子や書記が残した議事録にす**

ぐにアクセスしたり、集会の記録画像・動画、感想にも目を通せます。具体があることで子どもたちは自分の活動を振り返りやすくなります。やはりここでも、クラウド環境は学級づくりに大いに活かすことができます。

⑵ 学級活動
――「(2) 日常の生活や学習への適応と自己の成長及び健康安全」及び「(3) 一人一人のキャリア形成と自己実現」

まず、学級活動（1）と（2）（3）の違いを確認しておきましょう。（1）が合意形成をもとに協力して実践するものであるのに対し、（2）（3）は、子どもたちに共通したテーマではあるけれども、一人一人がそれへの理解や自覚を深め、自分に合わせた主体的な意思決定とそれに基づく実践を行うものです。つまり個々に応じて行われる実践だということです。日常の生活や学習の適応、自己実現に関わることについての課題は人それぞれですので、自分で自分の目標や行動を意思決定し、実行していく活動が中心となります。

そのような特質の違いをもとに、話合い活動や実践においてクラウド環境の活かし方を考えてみましょう。

①話合い活動

学級活動（2）（3）の話合い活動の一般的な流れは、大きく前半・後半に分けることができます。前半は共通のテーマについて全体で話合いを行い、問題の原因を見出し、解決のための共通の視点や大枠の方向性・具体策を見出します。そして後半は、各自の実態に合わせて、具体的な目標や実践方法を選択したり決定したりします。例えば、

■前半：くらしの中で○○がうまくいかないのは、△△や××などの原因が考えられるね。その解決のために□□や◇◇を頑張ることなどが考えられるね。【全体】

後半：みんなで考えたことをもとに、自分の具体的な行動目標を決めよう。【各自】

■前半：望ましい食習慣を身に付けるにはこういう視点で見直すことが大切だね。【全体】

後半：見つけた視点をもとに、自分の食生活を見直し、頑張ることを決めよう【各自】

といった具合です。そうなると、前半では学級活動（1）と同様にクラウド環境によって多様な実態交流や意見交流ができます。後半では、自分の具体的な目標や取り組みの計画を考えることが難しいときに、いろいろな友達のそれを画面上で参考にしながら考えることができます。席が離れている友達の考えも参考にできますから、近くの友達に限らず、画面を見て相談したい相手のところに直接移動して相談するような活動もよいでしょう。

②話合い活動後の日々の実践

話合い活動後、一人一人が設定した行動目標等をもとに、それぞれの実践の日々がスタートします。そこでは、例えば次のようなことが可能です。

・自分が設定した行動目標をカレンダーアプリの中でToDoリストに設定するなどすれば、日々それが実行できたかをチェックしたり振り返って次につなげたりできる。

・自他の行動目標や取り組みを参照できるようなコーナーをクラウド上で共有すれば、お互いの頑張りを称賛し合うコメントや教師からの評価、励ましもできる。

クラウド環境や端末が整う以前は、教室の背面にそれぞれの行動目標を掲示して定期的に振り返るなどの実践が行われてきましたし、学期ごとの個人目標などもそのようにされることがありました。それもよいですが、クラウド上で共有すれば、子どもたちは自他の頑張りや状況を振り返りやすく、励まし合いもしやすくなります。教師は個々人の目標だけでなく、実際の取り組み状況や各自の自己評価も把握しやすくなります。このようにして、**「他者に強要されたものではなく自分が決めた目標に向けて行動する。しかし孤立ではなく、子ども同士、子どもと教師の『つながり』の中で励まし合う」というくらしづくりに、クラウド環境における端末を活かすことができるでしょう。**

05 クラウド環境を活かした特別活動②
―児童会活動・クラブ活動・学校行事

ここからは、異学級・異学年とともに活動する各活動・学校行事について考えていきます。それは学級づくりというより、学校づくりに関することではないか、とも思われるかもしれません。もちろん、学校全体でのくらしを豊かにしていく活動ではありますが、それは学級づくりにも大きく影響を及ぼすものです。そのことも踏まえて考えていきましょう。

(1) 児童会活動

児童会活動は、学校の全児童をもって組織する異年齢集団の児童会による自発的、自治的な活動です。学級活動との実際的な違いは、異年齢集団であることや、高学年が主となって運営を行う点です。しかし、活動は学級活動と関連していたり、相似形であったりもします。そこで、学級活動（1）について検討したときと同じように、活動形態で三つに大別して具体的にクラウド環境がどのように活かされうるかを考えてみましょう。

①代表委員会活動

代表委員会は、高学年や中学年を中心とした各学級の代表児童、各委員会の長、各クラブ長などが参加して、学校全体のくらしを過ごしやすく、楽しくするための諸問題について話し合い、解決を図るための活動です。学級活動における話合い活動の学校全体版のようなイメージですね。学校全体で行う集会の内容や、学校での過ごし方に関わる共通の約束づくりなどが議題になります。

そうであれば、各学級内や委員会内、クラブ内で、「これは全校で考えたり話し合って決めたりしたい、すべきではないか」ということが生まれたときに、クラウド環境が活きてきます。すなわち、Google Classroom や Teams などでクラウド上に議題ボックスを設定してそこに書きこめるようにしておけば、代表委員会を運営する計画委員はすぐにその情報を確認し、議題として取り上げるかを検討することが可能になります。

実際の代表委員会の話合い活動では、学級活動のときにも示したように、話合いの最中に、口頭だけでなく、ふとした気づきや、時間の都合で言えなかった意見などをチャット機能などで伝え合うことも可能です。

そして、議事録や決定事項はもちろん、そのような話合いの映像やチャットの記録データにどの学級でもアクセスできるようにしておけば、六年生がどのように話合いの司会をしているか、どのように合意形成を図る努力をしているかを、誰でもお手本にすることができます。通常、代表児童は各学級で学んできた話し合い方をもとに代表委員会に臨みますが、代表委員会の六年生の様子を下の学年の誰もが必要に応じて映像で参考にすることで、各学級での話合い活動が充実するという逆の流れもできるでしょう。あるいは代表委員会でなくとも、六年生の学級活動の話合い活動を撮影し、その動画を全校児童がアクセスできるように公開してもよいですね。それを参考にすれば低中学年の学級での話合い活動の充実につながり、その経験がまた代表委員会にも影響していくでしょう。

さらに、このような議事録にしても動画にしても、クラウド上に保管されていれば、その年度に限らず、以降の年度になっても参考にすることができます。

②委員会活動

委員会活動は、主に高学年の子どもたち全員が、複数の委員会に分かれて学校全体のくらしを楽しく豊かにするための活動を分担して行うものです。子どもたちが活動を工夫するなど、自主的、実践的に取り組むことが大切です。そうであれば、どのような活動企画や活動の工夫を行うかなどを、学級活動（1）や代表委員会と同じように、委員会内でも話合い活動で合意形成を図ることになります。話合い活動でのクラウド環境の活かし方は述べてきた通りです。また、委員会から全校の子どもたちへのお知らせやお願い、啓発などは、廊下の掲示板に掲示したり口頭で放送したりするのもよいですが、クラウド上にお知らせコーナーをつくることも可能です。それは、端末があれば「いつでもどこでも見ることができる、通知を受け取ることができる」よさがあります。

また、おわかりだと思いますが、「委員会活動」が、子どもたちの発想をもとに創意工夫する活動によって学校のくらしをより快適に楽しく豊かにするものであるということは、それは学級の「係活動」と相似形です。よって係活動のところで例示したように、

・「委員会への要望箱」や「○○委員会チャット」の設定
・学校全体へのアンケートをとるためのアプリ活用
・「○○委員会のよいところ、ありがとうメッセージ」がいつでも交換できるコーナーの設定
・委員会活動について、子どもが担当教師に相談するためのチャット等の活用
・活動記録データをもとに、活動を振り返って次につなげたり、教師が形成的に評価した

りすることへの活用

など、そのまま委員会活動でも活かすことができます。そして何より、次年度への引継ぎ資料はクラウド上にしっかり残していつでもアクセスできるので、子どもにも担当教師にとっても助かります。さらに、それらをお互いの委員会や各学級もアクセスできるようにしておけば、委員会の活動の仕方を他の委員会や学級の係活動の参考にしたり、係活動の経験をもとに、委員会への要望や意見を送ったりするなどの相互作用が期待できます。

クラウド環境が学年や学級の枠を超えた「つながり」をつくりやすくすることで、自分たちで学校をよりよくしていく委員会活動に活かせるだけでなく、学級での係活動の充実にもつながる相互作用の可能性ももっていることになります。

③児童会集会活動

児童会集会活動は、児童会主催で行われる集会活動であり、これも学級活動（1）における集会活動のコミュニティ拡大版と言えるものです。全校集会、学年集会、あるいは一・六年生などの兄弟学級で行う複数学年の集会など、多様に考えられます。集会ですから、学級活動の集会と同じように、例えば次のようなことができます。

・端末による画像や動画の撮影及びアルバムづくりをし、異学級・異学年で共有

・感想交流を口頭だけでなく、撮影動画や画像にコメントを付けるなどでも共有
・集会のめあてや内容、進め方、役割分担及びその決め方も含めて、文字や画像で議事録として保存して、それをもとに振り返って参画者としての充実感を味わったり、次回の改善点につなげたりする。また、異学年でアクセス可能にして、下級生が今後の集会づくりの参考にする

このように、共有やいつでもアクセス可能というクラウド環境の便利さをうまく利用すれば、「つながり」をよりつくりやすくし、そのことが集会を通して異学級・異学年の人間関係づくり・集団づくり、楽しく豊かなくらしづくりに活かされます。そして、そこで学んだことが学級での集会活動に活かされたり、学級での集会活動の運営が児童会での集会活動に活かされたりするなどの相互の関係が促進されます。

――(2) クラブ活動

クラブ活動は、主として第四学年以上の子どもたちで組織される同好の集団で行われる活動です。異年齢で興味・関心が重なる子どもたちが集い、その興味・関心を追求する集団活動を自主的、実践的に計画・運営していくことが特徴です。『解説 特別活動編』にも

述べられていますが、やりたいことが共通している人とやりたいことをやることで、よりよい人間関係の形成や、個性の伸長につなげていく活動として充実させたいものです。

クラブ活動も組織づくりや具体的な活動内容、計画は話合い活動で合意形成していきますから、そのときにこれまで例示したようなクラウド環境の活かし方ができます。また、クラウド上にクラブ活動のコーナーを設けて、そこに活動記録を文字、画像、動画で残しておけば、成果の発表活動に活かすことはもちろん、全校の児童がクラブ活動に興味をもち、次のクラブの希望を考える際の参考にできます。「新たにこのようなクラブを立ち上げたい」というアイデアを提案することも素敵ですが、そのためにもこれまでのクラブ活動の様子にいつでもアクセスできることは便利ですね。各クラブを担当する教師も流動的でしょうから、これまでの活動記録が見やすく画像・動画まであると助かると思います。

また、クラブ活動は、例えばスポーツ系や芸術系、理科系など様々ありますが、技能的な高まりが楽しさに影響するものも多いでしょう。もちろん、クラブ内で子ども同士で教え合うことがいちばんですが、誰でも技能が高いわけではありません。そこで、例えば六年生の上手なお手本を、（本人たちに承諾をとった上で）動画としてクラウド上にアップロードして参考にするなどもできますね。これも全校の子どもたちが見たい時に見られるようにしておけば、クラブ活動はもちろん、学級での遊びやお楽しみ会でのレクレーションなどにも参考にできるでしょう。

ここまで述べたのはあくまで例示ですが、**クラブ活動は、「自分でやりたいことを選んで、それが同じ人が集まって楽しく活動する」ことがいちばんの特質です。そうであれば、自分でやりたいことを選びやすくしたり提案しやすくしたり、活動をより楽しくしたりするためにどのようにクラウド環境が活かせるか、という視点を大切にすると、他にも各学校やそのクラブならではのアイデアが浮かびそうですね。**それは、学級のレクレーションや、やりたいことが同じ友達との休み時間の遊びなどにも活かされるでしょう。

⑶ 学校行事 ―運動会を例に

学校行事には、儀式的行事、文化的行事、健康安全・体育的行事、遠足・集団宿泊的行事、勤労生産・奉仕的行事があります。いずれも子どもの人間関係づくり、集団づくり、くらしづくりに関わるものですが、ここでは特に自主的、実践的な活動として、健康安全・体育的行事の「運動会」を例に挙げて考えてみましょう。

運動会は、学校における最も大きな行事の一つと言えますね。運動に親しむ態度の育成や、責任感や連帯感の涵養などがねらいに挙げられますが、学級担任としては、この行事を学級づくりとしても存分に活かしたい、六年生担任であれば、最上級生としての成長を促す大きなチャンスの一つだと思われるものでしょう。そのように考えると、運動会は学級づくり、学校づくりとしてクラウド環境が多様に活かされるのではないでしょうか。

①運営面として

高学年として運営に関わる子どもたちにとっては、運動会のスローガン決めなどは代表委員会のところでの活かし方ができます。用具係や進行係、放送係など、様々な係が仕事を担うと思いますが、それは運動会のために立ち上げられることもあれば、委員会活動と連動させる学校もあるでしょう。いずれにしても、Google Classroom や Teams などで係の仕事内容、議事録、仕事の進み具合を共有したり、気づいたことをコメントしたりできるようにすれば、**いちいち紙面で印刷などせずとも、係の打合せの時間にも仕事の最中にも見合ったり伝え合ったりして確認することができます。自分たちが協働でイベントを運営しているのだという参画意識をもちやすくなります。**

②競技・表現面として

低中学年はもちろん、運営の中心である高学年も含め、子どもたちは全員、競技や表現の主役です。どの学級も、徒競走や競争遊戯は、作戦会議をしたり練習したりするのが醍醐味です。勝敗を気にしすぎるのもよくないですが、勝ちたいと思って頑張ること、チームメイトと協力したり支え合ったりして勝敗を競うことはスポーツや運動の楽しさの一つであり、貴重な経験になります。「速く走れるコツ」の動画のURLを共有したり、考えた作戦やアイデアをコメントで残しておいて練習で試してみたりする時もクラウド環境における端末は便利です（運動場はWi-Fiがつながらないかもしれませんが、更新できなくとも、今までの練習の様子などの閲覧は、そのときだけ端末に保存して持っていけば可能ですね）。

ダンスなどの表現運動はどうでしょうか。よい動きのお手本を動画でアップロードするだけでなく、自分の体の動きや学年全体としての動きを客観的に見られるように、教師が撮影してアップロードすると便利ですね。これまでも行われていたことですが、これほど手軽に撮影とアップロードができ、そして見たい時にすぐに見られる環境になったことはとてもありがたいものです。子どもたちが自分たちで自身の動きを捉えて調整しようとする学びを促進するためにも、どんどん利用したいですね。

③異学年、全校の「つながり」として

運動会は、例えば「赤組」「白組」のように、縦割りが大きなチームとなることが多い

と思います。一緒に頑張ることでよりよい人間関係づくり・集団づくりがなされ、学級内外の「つながり」が豊かになります。それは運動会だけでなく、その後の学校におけるくらしも楽しくなることにつながります。もちろん、運動会に向けた準備や練習の中で、お互いに直接声をかけ合ったり対話したりするのが基本ですが、時間的・物理的に多くは難しいのが現実でしょう。そんなとき、**「赤組コーナー」や「白組チャット」「全校で盛り上げよう部屋」などを簡単に設定できるのがクラウド環境です。お互いに励まし合ったり、頑張りを称賛し合ったりする交流がそこででき、「つながり」をつくることができます。**それらのコーナーやその記録は、学級として、学年として、縦割りチームとして、そして全校としても大切な思い出として残り、振り返りの際にも見直せます。次年度の運動会にも参考になる貴重な財産となるでしょう。

ここでは、例として運動会を挙げましたが、それ以外にも、修学旅行の企画・準備や「しおり」作成、思い出アルバムづくりなどで活かせそうなことが浮かんでくるのではないでしょうか。避難訓練にしてもボランティア活動にしても卒業式づくりにしても、ねらいに通じる便利な活かし方をぜひ各学校で生み出していただきたいと思います。

06

日常のくらしづくりとしての多様な取り組み例にクラウド環境を活かす

学級経営や学級づくりと深い関わりがあることから、前節までは特別活動におけるクラウド環境の活かし方について考えてきました。

しかし現実には、特別活動と銘打たなくても、学級の子どもたちが気持ちよく日々を過ごすための取り組みや、身近な困りごとの相談や、お互いの信頼を深め合うような活動は教室の中で様々行われているのではないでしょうか。それらは、特別活動と言えばそうですし、ちょっとつくりだした余剰時間での課外活動と言われればそうかもしれません。特別活動と言えるほど学習指導要領には沿っていないかもしれないけれど、特別活動ほど時間的負担もとらないような活動。「そのような曖昧なことは教育課程上、いかがなものか」などというご意見もあるかもしれませんが、実際にはそのようなことの積み重ねこそが人間関係づくりや集団づくり、くらしづくりに重要に機能していることは大いにあるように思います。

例えば、赤坂[29]や深見[30]などがネルセンら（2000）[31]の考え方を基盤にして提案している「クラス会議」は、もちろん学級活動（1）の話合い活動と位置付けることができますが、『解説 特別活動編』で解説される話合い活動とは少し異なる部分もあります。よい意味で課外活動としても行えるくらいの敷居の低さが子どもにとってもあるものです。子どもたちが輪をつくって、学級の一人がみんなを頼って小さな困りごとを相談したり、みんなで貢献感をもってその悩みをともに考え、解決案をさぐったりもします。困りごとは学級全体に関わる問題もありますが、それに限らず、その子の学校内外を問わない個人的な悩みであることもあります。小さなことでも語り合って心が晴れることは、コミュニティに所属していることに心地よさを感じたり、自己受容にもつながったりするでしょう。あるいはクラス会議では、幸せに感じたこと、感謝したいこと、学級の友達の素敵なことを

29 赤坂真二『赤坂版「クラス会議」バージョンアップガイド』（ほんの森出版、2016年）や赤坂真二編著『いま「クラス会議」がすごい！』（学陽書房、2014年）などに詳しい。
30 深見太一『対話でみんながまとまる！たいち先生のクラス会議』（学陽書房、2020年）などに詳しい。
31 ジェーン・ネルセン、リン・ロット、H・ステファン・グレン著、会沢信彦訳、諸富祥彦解説『クラス会議で子どもが変わる―アドラー心理学でポジティブ学級づくり』コスモスライブラリー、2000年。

伝え合う活動（コンプリメント交換）なども行われますが、そのことで、自己肯定感やコミュニティへの愛着を高めることにもつながるでしょう。

他にも、菊池（2012）[32]の提案する「ほめ言葉のシャワー」などは、コミュニティの中で自己受容や自己有用感を高めるものです。その他にも各学校や学級で様々な取り組みや支援が工夫されていることでしょう。それらにクラウド環境はどのように活かすことができるでしょうか。

例えばクラス会議は、みんなで顔を合わせ、そのコミュニティの空気感や、語りの声から感じるその子の思いをくみ取ろうとする姿勢などがとても大切なものでしょう。相談事によっては、口頭であること、文字や記録として残らないことが安心感をつくることもあるでしょう。そのようなときに、無理にクラウド環境や端末を活用する必要などありません。一方で、幸せに感じたこと、お互いのよさや素敵に感じたこと、感謝したいこと、目標に向かって頑張っていた姿など、ほめ言葉のシャワーも含め、記録に残ることで嬉しくなることや、振り返って温かくなる事柄もあります。それらは、いつでも見返せるように、また時間がなくて伝えられなかったことを伝えられるように、文字で残すことが学級や一

32 菊池省三『小学校発！一人ひとりが輝くほめ言葉のシャワー』日本標準、2012年。

人一人の子どもたちの幸せに貢献することもあるはずです（もちろん、子どもたちへの確認は必要ですが）。そのときは、会議や活動の最中、あるいは事後に端末でクラウド上に記録してみるのもいいですね。それぞれの友達用にGoogleフォームのようなアンケートアプリで素敵なところや行動への称賛を送るなどの工夫もありえます[33]。このように、幸せにつながる活かし方を子どもとともに模索すること自体も学級の素敵な姿だと思います。

ここまで、クラウド環境を活かした学級づくりについて検討してきました。ここで、「学級とは、一人一人異なる人間が集まった集団である。それが自然なのである」という当たり前を今一度確認しておきましょう。

子どもたちは興味・関心も異なれば、得意・不得意も異なります。特定分野に特異な才能のある子どももいれば、それぞれ種類の異なる発達障害のある子どもたちもいれば、日本語指導が必要な外国とつながる子どももいます。どの子どもも、その子なりの苦手さや困り感をもっています。周囲がわかりやすいものもあればそうでないものもあるでしょう。

33　アンケートアプリは、一分間スピーチなどの活動で、発表者に聞き手の子どもたちが感想を伝えるツールとして活用している事例もあります。数名ではなく全員が温かい感想を送ることができます。

例えば「書くこと」が特に苦手だけれど、そこを端末のタイピングで代替すれば生き生きと考えられる子どもには、それが大きな助けとなります。様々な情報を関係付けて考えを深めることがとても得意な子どもにとっては、クラウド環境によって友達の考えや資料など、多様な情報に触れられることが学びを深く豊かにすることになります。逆に、情報を限定することで安心できる子どももいます。**クラウド環境やそこでの端末を一人一人の子どもの実態に合わせて工夫して活かすこと、また、子どもたちが自分や友達にふさわしい活かし方を考え、その違いを認め合うことは、「人はあらゆることが違って当然、得意・不得意も違って当然、多様であることが当たり前なのだ」という見方・考え方を学級づくりの基盤にしていくことにもつながる行為ではないでしょうか**。

当然、発達の段階や学級の傾向としての実態もあるので、低学年はまだここまでできない、高学年であればこんなこともできる、この学級ではこれは活かせるがここは難しい、などもあるでしょう。ここまで検討してきたことを無理にすべてやる必要もありませんし、もっとよい活用例もたくさんあるでしょう。**大切なことは、子どもたちの幸せで豊かな学級づくりのためにクラウド環境は利用できる、うまく利用してやろうと意識して、目の前の子どもたちと向き合い、試していくことです**。

第3章

クラウド環境を活かした授業づくりの考え方

本章では、第1・2章を踏まえつつ、クラウド環境を活かした各教科等の「授業づくり」について考えていきましょう。

まず大枠として、本書では子どもたちにどのような学びの豊かさや育ちを願うのかを検討します。その上で、各教科等の特質を踏まえた授業づくり（子どもの学び）にクラウド環境がどう活かされるのかを考えていきましょう。

もちろん、各教科等いずれも広く奥深いものですし、ICT全般の活用まで含めるととても網羅はできません。ここではクラウド環境という視点での活かし方の一部を例示することでその便利さや可能性を考える材料にできたらと思います。ここで示す以外にも多様に考えられると思いますので、ご自身の日々の実践にはどう活かせそうかとイメージを広げていただけたらと思います。

01 授業でどのような学びの豊かさや育ちを願うのか

本章でも、まずは授業づくりでクラウド環境を活かすことの前提を確認したいと思います。授業における子どもの学びや育ちの「よい」は、あらゆる文脈によって多様ですから、「本書では、授業で子どもたちに願う学びの豊かさや育ちをこう考えます」ということの大枠をお示ししておきたいと思います。

(1)「教科等の枠を越えて育む汎用的な力」と「教科ならではの味わい深さ」

文部科学省の「育成すべき資質・能力を踏まえた教育目標・内容と評価の在り方に関する検討会―論点整理―」（2014年3月）では、当時の学習指導要領の改訂に向けて、次の三構造で各教科等の目標・内容や評価を考えるという視座が提供されました。

ア）教科等を横断する汎用的なスキル（コンピテンシー）等に関わるもの

イ）教科等の本質に関わるもの
ウ）教科等に固有の知識・個別スキルに関わるもの

現行の学習指導要領は、これをもとに議論・作成されたことになります。これらア・イ・ウを見ると、**学校教育における目標や内容は、「教科等を横断する汎用的なスキル等に関わるもの」と「各教科等の本質や固有性に関わるもの」があるという捉えであったことがわかります**。

そもそも明確に分けられるのかと思ったり、どちらか一方によりこだわりをもっていたり、それらの関係に上下や比重をつけたりなど、いろいろと考えのある方もいらっしゃるかと思いますが、**本書では、どちらかをより重視するという立場はとりません。それぞれに価値があり大切にすることで相互に影響し合って学びや育ちは豊かになるという考えです**。第1章09(7)で述べたこととも重なりますが、それぞれでもう少し詳しく検討しておきましょう。

①汎用的な力の育ちや活用のある学び

ここではまず、前述のアに括弧書きで出てくる「コンピテンシー」という言葉について少し確認しておきます。日本では「資質・能力」[34]と訳されることもあるコンピテンシーは、1990年代後半より各国が教育において育むべきものとして特に注目・検討されてきました[35]。コンピテンシー自体は広い概念であり、汎用的な資質・能力のみをさすわけではありません。詳述はしませんが、そのような広い概念のコンピテンシーの中で、OECDのDeSeCoプロジェクトによる「キー・コンピテンシー」[36]や、各国の動向も踏まえつつ2013年に日本の国立教育政策研究所が提起した「21世紀型能力」[37]などは、様々な文脈において役立つと考えられる汎用性の高いコンピテンシーを特定しようとする方向で議論がなされてきました。前述のアにおいて、資料に「汎用的なスキル（コンピテンシー）等」と記述されているのも、そのような汎用性の高いコンピテンシーの意味として括弧書きされているものと思われます。ただ、スキルとコンピテンシーの関係や、スキルと能力

34　「資質」と「能力」の違いについては、研究的な定義でも辞書的な定義でも見解は様々です。文部科学省の「育成すべき資質・能力を踏まえた教育目標・内容と評価の在り方に関する検討会―論点整理―」（2014年3月）では、行政用語として便宜上「資質・能力」と一体的に捉えるという見解を示しています。
35　多様な論考等がありますが、白井俊『OECD Education 2030プロジェクトが描く教育の未来』（ミネルヴァ書房、2020年）などに、動向の概要が簡潔に示されています。
36　OECD The Definition and Selection of Key Competencies Executive Summary, 2005.
37　国立教育政策研究所「教育課程の編成に関する基礎的研究 報告書5」2013年。

とコンピテンシーの使い分けも論者によって異なりますし、先ほどのアのように、スキルとコンピテンシーをある程度同一と捉えていると読める書きぶりも目にします。いずれにしても、国内外で汎用的スキルあるいは汎用的能力といわれるものの意味や内実は様々に検討され、それぞれで整理はされていますが、使われる言葉も多様であるのが現実です。

そこで、本書で授業づくりを考えるにあたっては、先ほどのアに通じるものとして、現場の先生方も確認しやすいように、日本の小学校学習指導要領の第1章第2の2「教科等横断的な視点に立った資質・能力の育成」の記述に依拠することとします。そこでは、

「言語能力、情報活用能力（情報モラルを含む。）、問題発見・解決能力等の学習の基盤となる資質・能力を育成していくことができるよう、各教科等の特質を生かし、教科等横断的な視点から教育課程の編成を図るものとする」[38]

という記述があります。確かに、【言語能力】【情報活用能力】【問題発見・解決能力】は、どのような学びにも基盤となるでしょうし、様々な学びを通して育まれるものでもあるでしょう。汎用性の高い「コンピテンシー」はこれ以外にも多様に想定されますが、本書では大枠としてこの三つを**「教科等の枠を超えて育む汎用的な力」**とし、そのように表現し

38　文部科学省『小学校学習指導要領（平成29年告示）』東洋館出版、2018年、19頁。

たいと思います。よって、どの教科等においても、「問題解決的な学びを積み重ねること」や、「その過程で言語を多様に活用して思考や表現する学び」を授業で大切にするという考え方になります。【問題発見・解決能力】の高まりは、言われたことをただ受け取ることではなく、自ら考え、関心や必要感をもって物事を追究し続けるという意味で「自ら学び続ける態度や能力」にもつながるものでしょう。また学び続けていく上で、思考の重要な道具である【言語能力】は欠かせないものでしょう。

そして第1章でも言及したように、クラウド環境含め、**GIGAスクール構想やICTが語られるとき、それは三つの中でも特に【情報活用能力】の重要性とセットで語られます**[39]。人間の思考はすべて、自身の内外にある何らかの情報をならべたり関係付けたり意味付けたりしながらなされているわけですから、すべての教科等において情報活用能力は確かに重要です。クラウド環境含めＩＣＴ活用は、あらゆる情報の獲得や共有、処理のためにこそ使われる道具ですから、モラルや端末操作技能も含めてその力が特に結び付けられるのは当然といえます。

39　例えば、堀田龍也ほか『ＧＩＧＡ完全対応 学校アップデート＋』（さくら社、2022年）の序章においても、資質・能力の中で特に情報活用能力の重要性が述べられています。

そうであるならば、問題解決的な日々の授業を通して、

・解決に必要な情報を適切な方法を選択して収集すること
・それを整理・分析して解決につなげようとすること
・解決過程で友達と伝え合ったり、まとめたことを表現したりして解決の達成感を味わったり、新たな課題に気づいたりすること

を積み重ね、【情報活用能力】（情報モラル含む）自体を高めていくことは、どのような社会になっても活かされる汎用的な力になると考えられます。

ここまでをまとめると、各教科等の特質（合科的な学習や総合的な学習も含めて）や状況に応じて様相は様々だと思いますが、

・**子どもたちが様々な問題発見・解決的な学びの中で、情報を適切に収集、整理・分析しながら、言語を大切な道具として思考したり表現したりする。**
・**そのような学びを重ねることで三つの汎用的な力を高め、高めたものをまた日々の学びに活用していく。**

そのような授業づくりのためにクラウド環境の活かし方を考えるのが方向の一つということになります。

②教科という鋭角的な学びを味わう

さて一方で、もし教科の枠を超えた汎用的な力こそが重要で、それこそがコンピテンシーであるとするならば、各教科等はいわゆるコンテンツという位置付けなのでしょうか。先に誤解のないように言うと、コンテンツとコンピテンシーはしばしば二項対立的に捉えられがちですが、そもそもそのような性質のものではありません。白井（2020）も、「本来、良質なコンテンツを通してコンピテンシーを育成し、さらに多様なコンテンツをより深く学んでいくという好循環が働くことになるのであり」[40]と述べています。

話を戻すと、そもそも、子どもにとっての教科の学び（教師にとっての教科教育）は、コンテンツを獲得することがその本質ではないはずです。**その教科の特質に応じた対象世界と向き合い、その教科ならではの思考の作法やプロセスの面白さ、旨味を味わうという時間を過ごすことそのもの。そしてそれを通してその教科でこそ身に付く原理や方法論の獲得、資質・能力を育むことのはずです**。「見方・考え方」が強調されているのもそのためでしょう。**それは、社会に出たときに機能的・合理的に役立つむき出しの能力育成だけを志向するものではありません**。そのことだけに授業を矮小化するのではなく、人間の叡

40　前掲35、24頁。

知・文化としての特有の作法で対象世界と向き合うこと自体を味わう喜びを感じたり、真や美を感じる関わり方を知って対象世界を愛しむ感情が生まれたりすることも大切にすることです。それはすなわち、子どもたちにこの世界を味わい深く生きる豊かさがもたらされるように願うことであり、好みや得意を考える機会を提供することと言えます。

何でもかんでも情報処理的に、同じようなプロセスでやるのではなく、**それぞれの教科等の「ならでは」を深く味わう学び。それを通して、世界を多種多様な見方や考え方や作法で多彩に見たり関わったりすることができる育ち。それを使って世界を味わい、いろんな幸福を感じたり、いろんなアプローチで問題解決を図ろうとしたりできる育ち。それを支援するためのクラウド環境の活かし方を考えるのがもう一つの方向です。**[41]

この二つの方向の中で、クラウド環境や端末を授業でうまく利用し、自他の今や未来の幸福実現、平和で民主的な社会の形成者につながることを願います。

41　尚、それぞれの教科の本質は何かということについては、教科教育学の中で常に検討され続けています。本書では国の指針としての学習指導要領も大切にしますが、それは流行によって更新もされ続けるものですので、それだけに依拠するわけではありません。

これも、第1章09⑶と重なる部分がありますが、授業の形態という枠組みで確認しておきます。

⑵ 形態としての「それぞれ」と「ともに」

①個別的な学びを「つながり」を通して豊かにする授業 ～自己決定で「人それぞれ」～

クラウド環境を積極的に活かして実践している先生方やその授業を参観した方々の中で、「授業の当たり前が変わり始めている」といった言葉をきくことがあります。当たり前と思っていることは、自身の被教育経験や教師経験、生きてきた場所や文化的背景などに影響されているので、個人的には、簡単に今までの授業の全体傾向をわかっているかのように言及しないようには気を付けています。実際、クラウド環境がある前からこのような授業はやりづらかっただけで行われていた、と思うものもあるし、そう思う人もいるからです。

ただ、授業において、「みんなが教室で黒板に向かい、ほぼ同じペースで同じ内容を学ぶ」ということはやはり多くの人にとっての当たり前の風景だと感じるようです。その意味で言えば、子どもがそれぞれのペースで学んだり、自分の意思で席を立って誰かに相談に行ったり、自分のタイミングで教師に尋ねたりする「人それぞれ」な授業がクラウド環境に後押しされて多くなってくると、それは当たり前が変わり始めているということになるのかもしれません。クラウド環境の中で実現されるそのような授業を高橋（2022）は「複線型」と表現しています[42]。クラウド環境で子どもの自己決定性を高くすればするほど学びは個別的になりますし、**自立した学び手**を育てる上でもそれは素敵なことだと思います。その場合、子どもたちは、目指すゴールは一緒だけれどペースや方法が異なることもあれば、目指すゴール自体がそれぞれで異なることもあります。そのとき、第2章で述べた自由の相互承認と共同体感覚を大切にしていれば、お互いの学びを尊重し、困れば頼り、相談されれば貢献する、必要に応じて力を合わせるという協働的な学びができるはずです。そのような学びをクラウド環境を活かしながら実現する授業を、**「個別的な学びを『つながり』を通して豊かにする授業」**とし、本書では以降、そのように表現したいと思います。

42　高橋純「1人1台端末を活用した高次な資質・能力の育成のための授業に関する検討」日本教育工学会研究報告集2022巻4号、2022年、82―89頁。

②共通のテーマを「つながり」の中でともに考える授業　～共同注意による探究の価値～

一方で、他章でも述べてきたように、「みんなで同じことをともに考える」ということに価値がなくなることはないでしょう。それを単線型の授業とするのであれば、単線型より複線型のほうが進んでいるということではなく、そもそも性質が異なるものです。もちろん教師が子どもの文脈を踏まえず一方的に断片的な知識を一斉注入するようなものであれば単線型は否定されるでしょうが、子どもたちがともに同じテーマについて同じ時間と空間で考え合う営みには、複線型と異なる価値があるはずです。

発達心理学において、共同注意（共同注視）という概念があります[43]。簡単に言えば、「対象に対する注意」を他者と共有することです。例えば、近くにいる人の視線や関心に自分も目を向けたり、逆に自分の注意や関心を指さしや視線や声で示すことによって近くの人もそれを共有したりすることが共同注意行動です。生後9か月くらいから出現しはじめると言われますが、自分・他者・対象の三項関係による共同注意によって、人は「周囲の人がみるもの、関心があるものを一緒にみると面白いことが起きるかもしれない」という経験を積み重ねたり、自分が関心をもっているものに友達にも関心をもってもらうこと

43　共同注意は視覚的なものに限らないので、本書では共同注視ではなく共同注意を用語として使います。

で共有する喜びを感じたりすることになります。このような共同注意は、集団で学ぶ重要な意味を説明することにも援用できると思います。

自分からは生まれなかった他者の問いを、確かにそれは不思議だなと思うこと。みんなで同じテーマについて考え合うからこそ生まれる化学反応やアイデア、思考の高まりを味わうこと。完全な自己決定や自分事でなくとも「そのテーマに付き合ってみるか」とのぞんだ結果、自己決定では絶対に出会えなかったであろう事物に出会ったり、思わぬ貴重な学びにつながったりすること。…偶発的なものまで含めて、同じ対象世界に共同注意して「ともに」考え合うことは、子どもが集まる場所としての学校の重要な存在意義の一つとなるものです。自分のペースや自己決定を大切にするのはもちろんですが、授業づくりにおいてはこの価値も手放してはならないと考えます。このように、①とは異なり、共通のテーマについてともに考える協働的な学びを実現する授業を、**「共通のテーマを『つながり』の中でともに考える授業」**とし、本書では以降、そのように表現したいと思います。

「人それぞれ」の中での『つながり』と、「共通のテーマをともに」の中での『つながり』。各教科等で目標や状況に応じてその二つを大切にする授業づくりを目指したとき、クラウド環境がどう活きるのか。教師はどうあるべきか。次節より具体的に考えていきましょう。

02 授業における教師の在り方を考える

さて、前節のように学びを捉えた場合、教師の在り方をどう考えればよいでしょうか。教師は昔から、学者や役者、易者など、様々な顔が必要などと語られてきましたが、ここでは、クラウド環境における「授業中の教師の在り方」という視点で考えてみます。

現在、教育界では教師の役割や在り方について様々な名称が飛び交っていますが、本書では特に、「指導者」「教授者」「伴走者」「ファシリテーター」「学習者」の五者の顔が必要だと考えました。これらは相互に関連していて明確には切り分けられませんし、クラウド環境など関係なく重要なものでもありますが、クラウド環境を活かして学びを深める上では特に欠かせない顔ではないかと考えています。確認していきましょう。

(1) 学び方の「指導者」

例えばクラウド環境が、子ども一人一人が自ら課題を設定して個別的に学んでいくことに活かしやすい環境であったとしても、**どのように進めていけばよいのかを何も指導せず「あなたの好きにしていいのですよ」では、ただの放任になることは誰もが納得することだと思います。発達の段階や実態に合わせた「指導」が必要です。**「学びに役立てるための端末機能の基本的・具体的な使い方」「どのように対象に関われば問いが見出しやすく、課題が設定できるのか」「情報はどのような調べ方があり、それぞれどのように行えばよいか」「整理や分析の方法はどのようなものがあり、どのように行うか」などの例を示すなどしながら子どもの実態に応じて段階的に指導し、徐々に指導しなくても自走していけるように導いていく指導者としての責任や在り方が求められます。

本章05の算数科のところでも取り上げますが、愛知県東浦町立緒川小学校で1980年代にさかんに実践された「単元内自由進度学習」も、子どもたちが自分で学習を進められるように「学習のてびき」を渡して学び方の指導をしています[44]。そのように一人一人が自分で学びを進める場合も、みんなが同様のテーマで議論して考えを深め合う場合にも、それ

44　愛知県東浦町立緒川小学校『個性化教育へのアプローチ』（明治図書、1983年）にカリキュラムの全体構造含め考え方や実践が詳しく述べられています。

らが充実するための学び方の「指導」が必要です。

――(2) 知識・技能の「教授者」

「教え込みはよくない」「子ども自身が問題を解決していく過程で知識・技能を獲得していくことが大切だ」「だから教師は学びの伴走者だ」などの言説は、確かにその通りの部分もあります。しかし、二項対立の罠のところで言及したように、何かだけが常に教師の在り方としてよいなどということではないでしょう。教科等のねらいや状況に応じて、「子どもたちが限られた時間でこの議論を深めたいのなら、○○という概念を一言で表現するこの用語は知識として教えた方がよい」「この用具の名称と二つの技法は、確実に知識・技能として教える。そうすれば子どもはその用語を使って語り合いながら、発想を広げたり表現したりすることに集中できる」などといった内容や場面は多々あります。

当たり前のことですが、教師はねらいに応じて必要な知識や情報、技能をしっかり「教授」する在り方が大切です。それはクラウド環境がいかに充実しようが、主体的な学びの文脈で教師の伴走や促進の役割が注目されていようが、変わることはないでしょう。

⑶　一人一人の学びに寄り添う「伴走者」

ここが五者の中で今いちばん注目度が高く、興味がある方が多いところではないでしょうか。最近、「伴走者」という表現で教師の在り方を検討することがよく見かけられますが、実は学術的には認知された共通定義があるわけではありません。教師を、「一人一人の学びに寄り添いながら、必要に応じて適切と思われる支援を行う役割」として考えることをわかりやすく比喩したものと言えます。子どもたちが一人一人の思いや願い、問いなどをもとに課題を設定し、クラウド環境を活かしながら進めていく学びでは、教師はそれらに寄り添いつつ、「どこで声をかけるべきか（そっとしておくべきか）」「どこで情報を伝えたり情報源を紹介したりすべきか」「どの友達に相談、あるいは協働することをすすめるか」などを適宜判断しながら関わることになります。これは一人一人の実態や状況に応じるため、いつでも絶対的に正しい判断があるとは言えないものでしょう。**その都度、「邪魔や強制をしないけれど、必要に応じて背中を押したり方向を提案したりする塩梅」を試行錯誤し続けることがその役割の本質ではないでしょうか。**

——（4）子どもたちが共通のテーマを考え合うための「ファシリテーター」

ここも「促進者」などの漢字にしようかと考えましたが、なかなか言い得ていないように思い、やはりファシリテーションをする人として「ファシリテーター」とします。

共通のテーマについて考え合う、議論する時、教師がイニシアチブをとって出来レースのようにするのではなく、**子どもたち一人一人が自分の考えを表現したり、自分のもっている力を十分に発揮したりすることで作用し合い、合意や納得解に至ること、学びや気づきを得ることが大切です**。ファシリテーションの概念も広いものではありますが、堀（2023）[45]は、共通する三つの原則があるとしています。一つは、「相手の主体性を尊重する」ことであり、子どもたちが自分で自分の力を発揮できるように教師は促進や支援の役割であるということ。二つは、「プロセスを舵取りする」ことであり、コンテンツ（情報、意見、経験、思いなどの内容）は子どもたちにその中心を委ね、プロセス（進行、論点、関係など）を舵取りすること。三つは、「相互作用を促進する」ことであり、子ども同士の相

45 堀公俊「学校とファシリテーション」『授業づくりネットワークNo.44—教室の中の多様性とファシリテーション』学事出版、2023年、2—9頁。

互作用を最大限に活用すること。よって、**聴き合う場、語り合う場としての雰囲気づくりや交通整理、論点を浮かび上がらせるための介入、温かい促しや称賛などを状況に応じて「したりしなかったり」という判断とふるまいが教師には求められます**。

しかし堀は、学校教育において教師としてファシリテーションを行う場合、先の三つの原則にはいずれにもジレンマがあるとも言います。主体性を尊重するといっても、学習内容があるのだから何でも好きにというわけではない。コンテンツは子どもたちといっても、十分なコンテンツを有していないときにはコンテンツの提供も必要。相互作用の促進と言っても、予定調和にしないよさと難しさの中でどう折り合うか。…これらの葛藤は教師であれば誰もがうなずくところでしょう。よって、**必要に応じて、この節で検討している五者のうちの他の四者の役割が顔を出すこともあるでしょう**。クラウド環境は便利ですが、子どもたちがその便利さを十分に活かしながら力を発揮し、相互作用の中で学びを深められるためには、ファシリテート力は不可欠と言えるでしょう[46]。

46　本書では簡単に述べていますが、ファシリテーションの具体的な技法や事例は前掲45をはじめ、たくさんの書籍が出されています。教育におけるファシリテーション自体の解釈も多様になっていますので、目的に応じて使えそうなものを試しながら実践を積み重ねてください。

―― (5) ともに学ぶ「学習者」

最後は、子どもが学習者であるように、教師もともに学習者であろうとする姿勢です。個別的な学びにしても共通のテーマにしても、クラウド環境で子どもが多様かつ大量の情報を収集したり交換したりするようになれば、教師がそのすべてを事前には把握できなかったり、ときには教師が知らない情報を獲得したりすることも多くなるでしょう。これまでも自主的な調べ学習などでときにはそのような状況があったと思いますが、今後はどんどん増えてきます。

それを事前・事中にすべて把握するなど限界がある上に、そうしようとする方がむしろ不自然なのが高速通信ネットワーク環境でありクラウド環境です。またそのために情報を制限しすぎるような対応は、子どもが自ら学ぼうとしていることを阻害することになります。そうではなく、**「教師も知らないことがある。それを教師自身も子どもも認め合い、ともに学ぶ姿勢をもつ」ことで、共同注意の中で子どもとともに探究を味わおうとする教師の在り方が大切ではないでしょうか。**

03 クラウド環境を国語科の学びに活かす

国語科は、「言語及び言語による生活や文化に関する教科」[47]と言えます。学習指導要領では育むべき資質・能力や見方・考え方が示されていますが、国語科教育は歴史も長く、教科教育学においても国語科の本質とは何かは領域も含め多様に検討されてきました。いずれにしても、「言語そのもの」や「言語による生活や文化」を対象として考えをめぐらすことがその特質と言えます。そのような国語科ならではの見方・考え方や学びを豊かにするために、クラウド環境をどのように活かした授業づくりが考えられるでしょうか。

(1) 共通のテーマを「つながり」の中でともに考える授業

前節までに述べてきたように、国語科で、共通のテーマをともに考える学びにおいてク

47 日本教科教育学会編『教科とその本質』教育出版、2020年、80頁。

ラウドを活かすことについて、例とともに考えてみましょう。

第六学年の文学的文章の学習で、「海の命」（立松和平）を対象としたとします。子どもからよく発される、「太一はなぜクエをうたなかったのか」。多様な解釈があり得る興味深い問いだといつも思います。例えばこれを共通のテーマとして考え合う場合、六年生ですから、複数の叙述を結び付けて考えを形成していく方略を用いた学習がよく展開されます。そして、グループや全体の交流において、Mさんが考えを発言し、それにつなげてFさんが発言し…といった「直列つなぎ」が豊かな展開では、そのつながりの文脈だからこその考えの広がりや深まりが教室の中に生じます。一回性の授業の醍醐味であり、愉しいですよね。これまでもそのような授業が全国でなされてきました。

さらにここに、クラウドで現在進行形共有が可能になる環境だとどうなるでしょう。端末上で一人一枚スライド（アプリによってはカード）を割り当て（慣れれば数秒の作業です）、それぞれの子どもたちが「どのような叙述たちを根拠に」「どういう理由付けをし」「どのように結論しているか」について表現していけば、そのプロセスや結果をお互いが自分の端末の画面で参照し合うことができます。すると、子どもたちの協働的な学びは「直列つなぎ」だけでなく、同時に複数の友達の考えを参照しながら学ぶという「並列つなぎ」が交じり合うことになります。意見交流は、画面情報をもとに、教師だけでなく子ども同士で考えを聞きたい相手への意図的指名もやりやすくなります。「Aさんが根拠にした叙述群は私と同じだけれど、そこから理由と結論が異なっているから詳しく聞きたい」「Bさんは私と同じ結論だけれど、根拠にしている叙述は異なる部分がある」など、視覚的な情報と音声のやりとりにより、考えを広げ深めることができます。

もちろん、そのような複数の情報を比較・検討する子どももいれば、情報が多いのは苦手で混乱しそうだと感じれば、気になった一人の意見を参考に見るくらいにし、音声でのやりとりに集中する子どもがいてもいいですね。そこは自分の感覚と相談しながら自己決定を促したり、教師が見取って支援をしたりしましょう。**大切なことは、文学的な文章に向き合い、友達とのつながりやすさを活かしながら想像を広げることや、友達との感じ方の違いなどを豊かに味わうことです。**

ちなみに、想像のための手段は、例えばその場面の叙述をもとに登場人物になってふるまい、身体を丸ごと使ってその世界に浸ることなどがあってもよいですね。そこから思わず出てくる一言や友達の動きから豊かな気づきが生まれることもあるでしょう（演劇的手法）[48]。それをまた発言やチャットで交流してもよいですね。**クラウドは便利に利用するだけであって、体全体で感じるなどの多様な手段や味わいをおろそかにする必要は何もないのです。**

⑵ 個別的な学びを「つながり」を通して豊かにする授業

「一人一人がテーマを決めて意見文を書く」「文学的文章や説明的文章の内容や表現方法について、一人一人が自分の抱いた問いを探究する」「自分の感性で俳句や短歌を詠む」「個別の自由読書を核にし、米国で生まれた手法を参考にして実践されている『読書家の時間』」[49]等々、一人一人の興味・関心や問いを大切にした国語科の個別的な学習活動や展開は様々あります。その中で教師は、子どもたちの状況を可能な限り見取ろうとしますが、人数が多ければ物理的に難しいのが現実です。

しかし、現在進行形共有ができるクラウド環境であれば、例えば端末で俳句や意見文作

48 渡辺貴裕・藤原由香里『なってみる学び』（時事通信社、2020年）などを参考のこと。
49 プロジェクト・ワークショップ編『改訂版 読書家の時間 自立した読み手を育てる教え方・学び方【実践編】』（新評論、2022年）などを参考のこと。

成のプロセスや完成をリアルタイムで見ながら、個別の支援をしたり称賛したりすることができやすくなります。また、先に示したような活動に共通しているのは、**自分のペースで学びながらも、子ども同士での助け合いや交流がされることで、学びが豊かになることです。**

例えば、意見文を作成する手順を学級全体で確認し、自分のテーマや状況に合わせて計画を立てたとしても、うまく進まなかったり、納得のいく文章が書けなかったりする子どもはいるでしょう。そんなときは、友達の意見文の構成や作成過程を画面で閲覧しながらまねぶことができます。また、同じ空間で個別に活動しているのであれば、画面から得た情報をもとに相談相手を選び、直接相談に行ってもよいでしょう。しかし、相手が活動に夢中であれば、それも気が引けます。そのようなときは教師に相談するのも一つですが、緊急でなければ学級のチャットに書いておけば、一息ついてチャットに気づいた誰かがそれに応えることができます。このように、**「テーマや課題が異なる中でも仲間と助け合いながらそれぞれの目的を達成する」という授業をつくるための「つながり」にクラウドが活かせるのです。**

また、俳句や意見文などは、お互いで助け合うだけでなく、形になったものを読み合い、感想を伝え合う活動もよい学びとなります。書いた紙を直接渡し合うなどして読み合うこともちろんよいですが、席を移動せずに全員分を画面上で共有し、付箋機能などを使って感想を伝え合えば、**子どもたちはより多くの友達が生み出した言葉に触れたり、感想をもらったりできます。教師はその環境を少ない準備と労力で提供できます。そのために利用するのです。**

ただし、例えば「読書家の時間」の実践では、スピーチで本を紹介し合ったり、本の読み方に対する自分の気づきを共有したり、ペアで同じ本を読み合ったりなど、多様な関わりの活動が行われています。教師が対面で一人一人と行うカンファランスも大切な時間です。それらは、その空間で、肉声や表情を交えて語り合う相互作用に重要な意味があるでしょう。そのようなときにまで画面上でやりとりする必要はありません。**二項対立の問題ではなく、子どもがそれらを選択したり、状況に応じてどのような道具や活動の仕方が適切かを子どもと教師でともに考えたりすること自体が大切な学びではないでしょうか。クラウドは便利に利用するものであって、息づかいや温度を感じながら語り合うことが「言葉の味わい」にとって大事な場面であれば、そちらを選べばよいのです。「使わせない」ではなく、子どもたちが「今は使わない」を学びの状況に応じて選択できるようにしたい**

ですね。それは汎用的な力の面で言えば、解決方略を選択するという意味で問題解決能力でもあるし、適切な情報交換の仕方を選択するという意味での情報活用能力につながるものでもあるでしょう。
　また、これは国語に限ったことではありませんが、クラウド環境さえあれば子どもが豊かな学びができるわけではもちろんありません。共通のテーマで考え合うにしても個別的な学びとして自由進度学習を行うにしても、子どもが言語やその文化に向き合って興味・関心を高め、学習の見通しがもてるような導入のしかけづくりや学び方の指導が教師の役割です。そこに時間をかけられるようにするためにも、クラウドを便利に活用していきましょう。

04 クラウド環境を社会科の学びに活かす

社会科は、平和で民主的な国家及び社会の形成者に必要な公民としての資質・能力（の基礎）を育成することを目的とした教科です。民主的シティズンシップは社会科のみで育成されるものではありませんが、それを教科目標の中核に掲げている点に社会科の特質や重要性があると言えます。そのために、学習問題[50]の追究を通して、社会を鋭く見つめ、因果関係を捉えながら社会の仕組みや在り方を思考する授業が展開されます。

小学校社会科では、「単元を貫く学習問題を解決するために分析的な問題を明確にして

50　学習指導要領では、小学校及び中学校いずれも社会科の目標には「課題を追究したり解決したり」と示されていますが、小学校学習指導要領の各学年の目標になると、「学習の問題を追究・解決する活動を通して」となります。「課題」か「問題」か、あるいはその違いは何かについては、従前の小、中学校の教科教育における研究の積み重ねや捉え方で多様な解釈がありますので、ここでは小学校の実践で長く使われてきた「学習問題」という用語で統一して展開することとします。

それぞれを解決していく単元展開」や、「ある問題を解決すると同時に、それを解決したからこそ（事象の関係や仕組みをあばいたからこそ）新たに生まれる問題を解決する単元展開」など、教科のねらいと子どもの問題解決の流れを接合した単元の様々な工夫が全国各地で見られます。

いずれも、子どもたちが社会的な見方・考え方を働かせながら（鍛えながら）、事実や関係を捉え、意味付けたり判断したりしながら主体的に問題解決し、社会について考えを深めることを大切にされています。その追究の過程で、クラウド環境がどのように活かせそうか、国語科と同様、二つの授業の方向で考えてみましょう。

――(1) 共通のテーマを「つながり」の中でともに考える授業

ここでは、子どもたちが社会的事象をともに見つめて挑む学習問題を、社会認識の様相を踏まえて大きく三つのパターンで整理し、それぞれを解決する学びで考えてみます。

① まず、「どのような○○になっているのか」「どのように○○されているのか」など、事実の把握によって社会の仕組みをあばこうとする学習問題を見出し、それをともに解決する場合です。事実を調べるための資料収集や見学、聞き取りなどの方法がとられます。

例えば資料については、教科書や資料集だけでなく、**子ども自身が収集したものや意図的に教師が準備したものをGoogle ClassroomやTeams、あるいは各学校で使用されている学習支援アプリなどでアップロードすれば、データをすぐに共有できます。ただし、その便利さはとてもよいことですが、その際、出典が明記されているか、それは本当に信頼のおける出所か、などを検討する学びの習慣をつけましょう。各自で確認することはもちろん、学級全体でも、共有された資料の信頼性を確認し合うことが大切です。情報活用能力育成の面からも、社会を鋭く見る目を養う上でも、重要なプロセスになるでしょう。**

見学や聞き取りの手書きメモも、カメラ撮影してアップロードすれば共有して補足し合えますし、聞き取りは録音も可能です。ただしこれらも、きちんと録音の許可を得ることや、学習以外に使用しないことなどのモラルを守ることとの学びも大切になるでしょう。はじめは教師の管理の下で、徐々に自分たちで考えられるようにしていくとよいですね。道具は便利さと同時に相応の配慮が必要になることをこのように学んでいきたいものです。

② 続いて、「なぜ日本の食料自給率はさがったのか」「貴重な文化遺産としての土地を国に保護指定されることは嬉しいはずなのに、なぜ○○市ではそれに反対する人がいるのか」など、「なぜ○○なのか」「どうして○○のはずが△△なのか」という、社会的事象の

因果関係や複雑なからくりに対する学習問題をともに解決する場合はどうでしょう。

　明確化した問題が切実であればあるほど、子どもは調べる前から「□□だからではないか」という自分なりの仮説が生起したり、考えをめぐらせたりします。**それを話し合う際、口頭での対話とともに、互いの考えを文字で共有できる機能（学習支援アプリの機能やチャットなど）も併用すると、直列つなぎと並列つなぎの交流があいまって、現段階での自分なりの社会への見方・考え方を多角的に更新することに機能するでしょう。**

　さて、その仮説は正しいのか、あるいは何か別の要因があるのかを明らかにするための追究のスタートです。事実を調べ、因果関係を追究していくときには、まずは①と同様、それぞれが調べた事実や教師の配布資料がすぐに共有できます。

　それらの事実をつなげながら因果関係を考えるときには、例えば各自でホワイトボードアプリを使って考えてみるのもよいでしょう。ボード上で単語やキーワードを付箋で貼り付け、それを分類したり、線や矢印でつなげたりして考えることができます。あるいははじめから文章で筋道立てて書くほうが論理的に考えやすい子どもは、文章で記入していくのもよいでしょう。いずれにしても、**ボードや文章は現在進行形で共有できますから、各自の結論だけでなく、「どのような事実たちや人々の思いをどのように関連付けて考えよ**

うとしているか」という思考過程も参考にし合いながら追究することができます。

このように「各自で作成したボードを共有して全体で解決を図る展開」もあれば、「グループでボードを共同編集しながら考える展開」もあるでしょう。共通の問題をともに解決する展開は、見出した問題をもとに子どもたちが立てる計画により多様に考えられます。

③最後に、「これから（自分は、日本は、社会は）どうすればよいのか」「この事例から今後の社会や自分の生き方に生かせる学びは何か」など、事実や関係の認識をもとにこれからの社会の在り方を考えたり、関わり方を選択・判断したり、学びの意味を考えたりする問題の場合です。

このような問題は特に、学級のみんなでともに考え合う学びとして重要です。なぜならそれは、**これからの社会の在り方を民主的に考え合おうとすることであり、「ともに考えを語り合ったりクリティカルに検討し合ったりする」こと自体が、平和で民主的な国家及び社会の形成者としての資質・能力の育成につながる営みだからです**。個別的に考えたり、一部の考えだけを参考にして結論したりすることとは異なる意味をもつわけです。そうであれば、ここでは先に挙げたように、口頭での対話とともに、**チャット機能や共同編集ボードへの自由書き込みなども利用すれば、限られた時間の中でも一人一人が自分の考えを**

表現しやすくなり、お互いの考えを交流しやすくなります。クラウド環境での端末を、子どもたちの議論の活性化や深化につながるように活かしたいものです。

(2) 個別的な学びを「つながり」を通して豊かにする授業

さて、社会科は（社会科に限りませんが）多様な学びが想定されますが、社会的事象について個々が学習問題を設定してそれを追究したり、単元を貫く学習問題は同じでも、個々で見出す問題が異なったりすることがあります。

例えば五年生の学習で、日本のいくつかの事例をもとに「農業に携わる人々は、その地域の自然環境の特色を生かして生産活動を営んでいる」という概念的知識を獲得したとします。その後、それがあらゆる地域にあてはまるのかを、自分が興味のある都道府県で確かめてみるような個別的な学習活動が考えられます。「○○県ではなぜ△△が特産物なのか」など、自分が調べたい地域の問題を、自然環境、生産活動を営む人々の工夫や努力、歴史的背景などを関連付けて明らかにしていく活動です。

この場合、子どもたちは、個別で追究したり、似た問題を追究している友達と協働したりしていきますが、それぞれが調べる都道府県は異なっても、**どのように調べたり関連付**

けたりしているかをクラウド環境の現在進行形共有で参考にすることができます。またそれぞれの結果を共有することで、先ほどの概念的知識が強化されたり、反例的な事象があればそこから社会の見方がさらに広がったり深まったりすることもあるでしょう。もちろん、端末の画面上だけで共有するような限定をかける必要はありません。自由に教室内を動いて相談するのもよいでしょう。まずは画面で参照し、「直接相談しに行ってもっと詳しく聞こう」など、自分の活動を自己決定しながら学びを進めることができるはずです。そのようなことを自由にできる環境づくりと個に応じた関わりが教師の役割となります。そして、それぞれの学びの成果をクラウド上に保存すれば、子ども同士で見合ったりコメントし合ったりすることもできます。多様な事例に触れることで、社会認識をさらに深めることができるでしょう。

(1)(2)のような学習活動を通して、子どもたちは社会の仕組みや因果関係を捉え、よりよい社会の営みや在り方を考え続けていきます。そして、平和で民主的な国家及び社会の形成者としての資質・能力を育んでいきます。クラウド環境は、事実の共有、理解の相互促進、議論の深まりなど、社会科の学びの充実に大いに役立てられそうです。

05 クラウド環境を算数科の学びに活かす

算数科は、現行の学習指導要領において、「数量や図形などについての基礎的・基本的な概念や性質の理解」とともに、「数理的な処理の技能」「筋道立てて考察する力」「統合的・発展的に考察する力」「数学的な表現を用いた簡潔・明瞭・的確な表現力」「目的に応じた柔軟な表現力」「よりよく問題を解決しようとする態度」「学んだことを生活や学習に活用しようとする態度」の育成などを目指す教科とされています[51]。

事象を数理的に捉えて、見出した問題を解決するための考え方や、そのために必要な知識・技能を対象とするため、これまでも学習において問題発見・解決の過程が重視されてきました。子どもたちは数学的な見方・考え方を働かせたり鍛えたりしながら問題発見・

51 前掲38の64頁にある目標を要約しています。

解決をしていきますが、その過程では、様々な様式の表現をしながら思考していきます。

実物や具体物による「現実的表現」や、おはじきなどの半具体物を動かすような「操作的表現」、絵や図などで表現する「図的表現」、日常言語を用いた「言語的表現」、算数で使う記号（数・式等）を中心とした「記号的表現」などです[52]。

これらは、後半になるほど抽象的な表現といえますし、思考も高度になっていくともいえますが、実際の授業における子どもの試行錯誤の様子を見ていると、表現様式間の変換は一方通行ではなく、行きつ戻りつしながら数理にせまっているのではないでしょうか。

そのような思考と表現が一体的に行われる授業においては、クラウド環境の前に、タッチパネル機能がある端末自体がとても役立つことを実感している方は多いと思います。特に操作的表現や図的表現においては顕著でしょう。現実のりんごではなくとも、画面上のりんごで現実に近い場面を表現・操作することが容易になりました。教師が示す場合でも子ども自身が説明する場合でもです。また、実物のおはじきを操作するのももちろんよいですが、物理的に準備が難しいほどの多数のおはじきを操作しながら思考したければ、画

52　中原忠男『算数・数学教育における構成的アプローチの研究』（聖文新社、1995年）などに詳しく述べられています。

面上にそれをつくって操作することも可能です。図形の面積の求め方では、台形を対角線で切り分けたり、分けたものを移動させて等積変形させたりすることを、画面上で簡単にいくつでも表現できるようになりました。**数学的な表現の面で、このような便利さはどんどん活用したいものです**。そのような活用を前提として、これまでのように二つの方向でさらに考えてみましょう。

(1) 共通のテーマを
――「つながり」の中でともに考える授業

「分母の異なる分数の大きさを比べるには、どのように考えればよいのか」「平行四辺形の面積はどのように求められるか」「いつでも使える公式をつくることはできるのか」…事象からこのような数理的な問題を見出し、ともに考えることで新たな数理を導き出したり考えを深めたりする授業は、全国で行われています。一見、「わかる子もいればわからない子もいる」とか「既に計算方法や公式を塾で学んでいる子と、まったくわからない子がいる」などの理由で、いつでもコース別や個別がよいのだと安易に考えられることもありますが、ともに考えることにも学びの価値があります。

例えば、平行四辺形は多様な面積の求め方がありますから、一人で複数考えるだけでなく、思わぬ友達の考え方に出会ったり、友達と共通していることから考えの妥当性を検討したりすることができます。また、多様な考え方から帰納的にいつでも適用可能なもの（公式など）を導いていくような学びの場合も、多様な考えを出し合うからこそ行いやすくなります。

他にも、既に塾などで学習して「もう自分は計算処理できるからわかっている」と思っていることでも、なぜそのようなアルゴリズムで処理が可能なのかを改めて言語化したり友達と説明し合ったりすることは、その子自身に理解の深まりや不十分さの自覚を促します。もちろん、その説明を聞いている苦手な子どもにも学びになるので、どちらにもよい面はあるわけです。

そう考えると、**いわゆる考えを出し合って「ねりあげる」授業は、本来は学級全体でまとめるための教師の都合や一斉指導の便宜で行われているわけではなく、考えを共有し合いながら議論することそのものに重要な意味があり、個々の学びに影響があるものと言えます**。そのような、ともに数理を追究する授業において、クラウド環境はどのように活かせるでしょうか。

よし悪しや好みは別として、算数科ではよく「オーソドックスな授業展開」とされてきたものがあります。「事象から数理的な問題を明確にする」→「見通しを立てる」→「一人で考える」→「みんなで考えを出し合い、ねりあげる」→「まとめる」といった流れです。細かな言葉は全国各地で様々ですが、大まかにはこのような流れが多いのではないでしょうか。プロセスの型ありきは学びの本質ではありませんが、ともに学ぶという意味で、やはりこのようなプロセスは、自分で考えるという思考活動と、ともに考えを出し合って議論するということの両方を確実に経験するという点で一定の価値はあると思います。

ただその場合、問題は「一人で考える」の場面です。確かに、自分のもつ既習内容（既存の数理）をどのように活かしたり発展的・統合的に考えたりして新たな数理を導き出すかというのが数学的な思考の本質と言えます。しかしだからといって、**一人で考えることが難しい子どもにやみくもに「まずは自分で考えなさい」と丸投げするのは苦痛の時間になりますし、逆に、ほぼ答えとも言えるような見通しやヒントを教師が与えすぎるのは、その子どもが自分で判断して対処しようとする行為にはなりません**。

そこで、クラウド環境による現在進行形共有はやはり活かせます。「学ぶ」の原点は「まねぶ」です。個々の考えを表現するスライドを共有していれば、考えがつくられていくプロセスを子ども同士で参照し合うことができます。**友達はどのように「考えたのか」**

という結果だけでなく、「考えているのか」というプロセス自体を参考にしたりまねたりすることを推奨してよいのではないでしょうか。「それは自分で考えていることにはならない」と思われるかもしれませんが、自分で考えてわからないときに他者を参考にする、まねてみる、そこから学ぼうとするという行為は、大切な学習方略です。わからない自分を自覚して、「まねてみよう」と自己決定して動いているのです。

結果の丸写しは意味がないですが、考え方をまねぼうとしたり、理解しようとしたりすることは素晴らしい思考活動です。見ているだけではわからない場合、席を離れて直接たずねに行くのもよいでしょう。それを行ったからと言って、その後の「みんなで考えを出し合い、ねりあげる」ということに意味がなくなることはありません。個別にやりとりして共有するのと、多数で同じことについて考えを出し合いながらその文脈で対話するのとは、生じる思考や発言が異なるからです。それが学びの一回性であり、意味ある偶発性にもなります。また、**みんなでねりあげる場面でも、口頭での対話だけでなくそれを聞きながらチャットでつぶやいたりそれを取り上げたりして授業が動くこともあるでしょう。**そのような偶発性と意図性が絡み合うことこそ学びの醍醐味であるように思います。

(2) 個別的な学びを「つながり」を通して豊かにする授業

1980年代の有名な実践の一つで、愛知県東浦町立緒川小学校の単元内自由進度学習（当時の校内での名称は「週間プログラム」）をご存知でしょうか。詳述はしませんが、「はげみ学習」「オープン・タイム」と呼ばれる時間とともにカリキュラムに位置付けられていました[53]。単元内自由進度学習では、はじめに教師から単元のねらい、時数、標準的な学習の流れ、利用可能な学習材や学習具を記した「学習のてびき」が渡されます。子どもたちはそれをもとに指定された時間数の中で、自分で学習計画を立てます。自分のペースや学習スタイル、内容の好みや得意不得意によって、費やす時間の比重も自己決定できるように工夫されていました。進めていく中で振り返りながら自己調整も行われます。

これは算数科に限ったことではなく、複数教科（単元）を同時進行で行うことで、時間比重も含め自由度を広げられるようにされていたものです。しかし、あえて算数科の節でこれを取り上げたのは、やはり算数科は現実的に内容の理解度や習熟の個人差が生じやすい教科であるためです。系統的・積み上げ的な特質が強い教科であるため、小学校におい

53 前掲44。

て習熟度別授業と聞いて真っ先に教師が思い浮かべるのは算数科ではないでしょうか。その意味でも、その子の理解の仕方や学習の仕方、ペースに合わせて「それぞれ」で行う学習に(1)と異なる価値があることは誰もが納得するところでしょう。

しかしこのような場合でも、クラウド環境を活かした「つながり」、すなわち協働はありえます。第1章で「キョウドウ」の漢字や意味は一義的ではないため本書では協働で統一していることをことわりましたが、個別的な学びをより強調した場合、(1)とは異なる協働になります。それは、共通のテーマを同じペースで進めていなくとも、必要に応じて頼ったり、貢献したりするつながりであり協働です。単純には、直接対話して関わり合うのもよいですが、お互い自分のペースで異なる内容を行っていることへの配慮も必要です。そのようなとき、クラウド環境による共有は活きてきますね。**戸惑っている子どもは、画面上で友達の学習やその結果を参考にさせてもらい、進んでいる子どもは、「参考になるならどうぞ」の精神でそれをアップロードして公開する。互いのペースを大切にして自然と頼ったり貢献したりできる環境になります。その上で、それだけではわからないときに、直接たずねに行って頼ってみる。あるいは、ちょっと一息ついた時や時間があるときに、戸惑っている友達に声をかけてみる。そのような交流が生まれるのは素敵なことです**。そう考えると、やはり学級づくりとしての自由の相互承認や共同体感覚は基盤になることを再確認できます。

また教師も、個別的な学びだからこそ、一人一人の状況をできる限りリアルタイムで的確に把握したいはずです。しかし、個別性が高いぶん、直接様子を見ながら対応できる人数や時間が限られてくるのが現実です。そのようなときに、端末で記述している子どもはもちろん、手書きで学習している子どもも定期的にそれを撮影してクラウド上にアップしていけば、教師は見回りながらも手元の端末でも一人一人の進度や学習の様子の情報を得やすくなり、個別指導が必要と判断したり対応したりすることがやりやすくなるでしょう。

子どもたちはそれぞれ特性がありますが、算数科はその特質上、「わかる・わからない」が生じやすいのが現実です。**個別的な学びは自分のペースで学習できますが、それだけでなく、お互いを頼り合えるように、また教師もそれを把握して子どもを必要な時に支援できるように、クラウド環境をうまく利用していただけたらと思います。**

06 クラウド環境を理科の学びに活かす

理科は、「自然科学の特徴に基づく学習活動を通して、科学的な理解や、科学的な知を創る能力」[54]を育む教科と言えます。ここでいう科学的についてですが、『小学校学習指導要領解説 理科編』では、「科学が、それ以外の文化と区別される基本的な条件としては、実証性、再現性、客観性などが考えられる」[55]とされています。近年、科学は、「客観的で絶対的なもの」とする伝統的な科学観から、「科学者の主観は避けられないもので、創造物であり、暫定的なものである」といった性質をもつ現代的科学観へと変換されてきています。よって、多くの人々によって承認され、公認されるという意味での学習指導要領の客観性も、絶対的真理というより、暫定的に承認されているということになるでしょう。

54 前掲47、98頁。
55 文部科学省『小学校学習指導要領解説 理科編』東洋館出版、2018年、16頁。

そのことを踏まえても、理科は科学的知識を獲得することよりも、科学的な営みを通して科学的知識を構築していく力が重要となります。よって、「実証性・再現性の視点から行った実験・観察のデータに基づき、自然現象を記述、説明、予測すること」が自然科学の特徴であり、その特徴に基づき教育を行うことに理科の固有性があると言えます[56]。そのような固有性の中で、クラウド環境はどのように活かされるのか、考えてみましょう。

(1) 共通のテーマを「つながり」の中でともに考える授業

「金属を温めたり冷やしたりすると、体積は変化するのか。するとすればどのように変化するのか」「植物が発芽するために水は必要か」「てこがつり合うときには、それらの間にどのような規則性があるのか」など、理科における様々な問いは、実証性・再現性の視点からそれを明らかにするために、実験・観察が可能なものに具体化されて学習が進められていきます。科学的な手続きであれば、そのプロセスでは必然的に学習指導要領に示されるような「理科の見方・考え方」を働かせざるを得なくなります。

授業では、まず子どもが生活経験をもとに形成された素朴概念をもとに予想をたてると

56 前掲47、99頁。

思いますが、それを交流する際、口頭はもちろん、多様に予想が出そうであれば、端末への記入などで、どのような予想があるかを学級全体ですぐに共有ができます。

ちなみに、「塾で既に習っていて、学習にならない子どもがいる」という声をお若い先生から聞くことがありますが、本当にそうでしょうか。塾で習わないような内容や実験も素敵ですが、それをしない限り、意味がないのでしょうか。確かに、基本的な内容であれば、その子たちがたどり着く結果や結論は、塾で習ったことと同じものでしょう。しかし先ほど述べたように、科学的な営みを通して科学的知識を構築していくことがその本質であるのならば、「既に正しいものとして教わったそれは、本当に実証性・再現性が担保されるような知識と言えるのか」を自身で検証・確認する営みは、「科学する」態度、思考、技能として重要な学びとなるはずです。そのようなことを子どもに語り、わかったつもりになっていることを科学的に検証する面白さを味わえるように導く教師でありたいものです。

さて、**実験方法として考えたものや、その細かい準備などは、必要に応じてクラウドで共有できるようにしておけば、子どもたちはそれを見ながら個々や各班で正確に準備をすることができます**。そして**最も重要なのは、「実験・観察の結果」の共有です。個々や各**

班で実験・観察を行ったとしても、自分や自分の班の結果だけをもって考察や結論を導くのは、科学的とは言えません。目の前で実証はされたとしても、再現性が担保されているとは言えないからです。確かに、時間が十分にあるのであれば、何度もやってみるのも一つの方法ですし、実際、何度かはやれたほうがよいでしょう。しかし、限界があります。**そこで、他の友達や班の実験・観察の結果をクラウド上で共有すれば、再現性を担保することができます。黒板にそれぞれの結果を書いて共有するのもよいですが、クラウド上で共有すれば、各自や各班の実験結果の導出とその共有をほぼ同時に行うことができるので、とても便利です。**

逆に言えば、結果の再現性を確認せずに子どもが考察や結論をしてしまったら、それは科学することを十分に味わえていないこと、手続きが不十分であることを自覚させることは大切です。実験・観察の結果をクラウドで共有できる環境は便利であるという実感をもつことにもつながるでしょう（ちなみに、いくつをもって再現性が担保できたとするのかというのは科学的にも実験内容によっても判断は難しいので、「7、8くらいでは少ないのではないか」という意見もあるでしょうが、小学校では、実体験として各自や各班の複数の結果を持ち寄るという「再現性を意識する営み」を経験することに、初等理科学習としての重要な経験的意味があると言えるでしょう)。

さらにそれら複数の結果について、**はじめの頃は整理しやすいシートなどを教師が準備してもよいですが、いずれは、結果だけを共有し、その整理自体を子どもが自分なりに工夫して行い、その整理方法も共有し合って参考にするのもよいでしょう**。例えば、二次元の表にした整理や、記号化、グラフ化(表計算ソフトの活用もいいですね)などです。はじめは教師からの指示や提案でそれらを経験させつつ、徐々に子どもに委ねていくと、自分たちでまねしあって工夫できるようになっていきます。また、実験結果には誤差や外れ値はつきものです。それも、「誤差の範囲と言えるか」「外れすぎているけど、これは考察のための大切な結果の一つとして見るべき値なのか、それとも実験方法に何か不備があったのか」などを検討するのは大切な科学的営みです。それもクラウドによる結果の共有ができれば、より生まれやすくなる検討事項でしょう。

考察についても、**各自で行いつつ、それが妥当かを、現在進行形共有で友達同士で見合いながら交流すれば、共通のテーマの解決に向かう妥当な結論を導き出す学びが実現しやすくなるでしょう**。

結果が予想外になる子どもがいたり、はじめから結論を知っている子どもがいたりしたとしても、「実証性・再現性の視点から行った実験・観察のデータに基づき、自然現象を記述、説明、予測すること」で子どもは科学することの意味を味わいます。単なる断片的な知識として結論を知っていた子どもは、その結論に科学的な後ろ盾を実感することになります。その営みの遂行にクラウド環境は十分に活かせるものになると思われます。

⑵ 個別的な学びを「つながり」を通して豊かにする授業

⑴が共同研究者として科学する営みであったとしたら、⑵は個人研究者としてのそれということになります。これは、⑴のような学習の発展として、対象を広げる場合もあれば、具体的に追究したいことが個々で異なる活動になる場合もあるでしょう。

例えば、第三学年において、共通のテーマとして、「粘土は形を変えたら重さは変わるのか」について全員で科学的に探究した後、それ以外のいろいろな「もの」について各自で自由に比較しながら探究してみる活動などが考えられます。同じもので探究する友達がいない場合、再現性は自分一人で担保しなくてはなりません。その場合、**クラウド上で各自の実験方法や結果、考察、結論を公開することで、参考にし合えるだけでなく、それらは科学的に妥当かどうかを、「つながり」の中でお互いにチェックし合える開かれたもの**

にできます。もちろん、教師も確認でき、必要に応じてその実験方法が妥当か、再現性が担保できているかなどについて、個別支援が可能になります。

さらにこの事例の場合、「形を変えても紙の重さは変わらない」「形を変えても空き缶の重さは変わらない」など、それぞれの結論をクラウド上でどんどん共有していくことで、「形を変えても粘土の重さは変わらない」であった認識を「形を変えても『もの』の重さは変わらない」へと科学的な手続きをもって広げる学びにつながります。もちろん口頭で出し合ったり、実演して見せたりする共有も大いにするとよいですし、素晴らしいことです。しかし、時間の有限性を考えると、すべては難しいのが現実です。そこで、実験結果や結論をクラウドで現在進行形共有して全員が見られるようにしたり、実験の実演も動画撮影してアップロードすれば共有可能にできたりします。

このように、**クラウド環境をうまく利用して実証性・再現性を担保したり補い合ったり、それぞれの探究によって得たものを共有したりすることで、科学的な営みを限られた時間で質の高いものにできる可能性が高まります。実体験を損なうのではなく、それを充実する時間を確保するためにも、便利に活かしたいものです。**

07 クラウド環境を生活科の学びに活かす

生活科は、具体的な活動や体験を通して、学校や家庭、地域の人々や自然を「自分との関わり」で捉え、「気付き」の質を高めることによって、「自立」し生活を豊かにしていくことを目指す教科です。創設以来、学習指導要領の目標も、書きぶりの変化はあるものの、そのことは一貫しています。他者からの一方的な知識の伝達などではなく、子どもたちが具体的な活動や体験に没頭していくことが何より重要な学び方であるため、ときに「クラウド環境や端末とは親和性が低いのではないか」「自然や人との直接的なふれあいやそこでの豊かな気付きがおろそかになるのではないか」などと懸念されることがあります。果たしてそうでしょうか。もちろん端末上で念頭操作ばかりするようなことは生活科の理念からはずれています。しかし、うまく利用すれば、具体的な活動や体験、その中の気付きや感動を表現したり共有したりすることに便利に機能するのではないでしょうか。

本章の他教科等では、「つながり」の中でともに考える授業」「⑴共通のテーマを「つながり」を通して豊かにする授業」の二つでクラウド環境を活かすことについて検討していますが、生活科はそもそもその特質上、子どもの思いや願いによって柔軟にそれらは入り混じります。そこで、内容のまとまりごと（学習指導要領における三つの階層のまとまり[57]）で具体的に考えてみることにしましょう。ポイントは、**低学年として端末操作の技能がまだ十分でなくとも、写真撮影や手書き入力、その保存、共有程度であれば、手順を覚えてすぐに活用できるようになるということです**（もちろん個人差はありますが）。それだけでも、子どもたちの便利な文房具として、また教師の支援として様々活かすことができます。

⑴「学校、家庭及び地域の生活に関する内容（第一の階層）」から

子どもたちの身の周りの環境や地域を対象とする学びです。例えば入学して早い時期に実践されることが多い「がっこうたんけん」ならば、校長室に訪問して校長先生にサインをもらったり、校内を探検して気付いたことをメモしたりする活動などが行われます。も

57　文部科学省『小学校学習指導要領解説 生活編』東洋館出版、2018年、26頁。

ちろん、用紙やノートを持っていき、手書きでやればよいですし、端末をあえて使う必要はありません。しかし、教師が端末でその様子を撮影したり、その写真をクラウドで共有できるようにしたりすることはすぐにできます。教室に戻ってきたときに、「ここをタップすると、自分や友達の探検の様子や探検した場所がいつでも見られますよ」と伝えて閲覧の仕方だけ指導すれば、子どもたちはそれを見ながら、振り返りを行いやすくなります。また低学年は、自分が新たに知ったことや気付いたことを教師や友達に伝えたい思いを強く抱きますから、そのことについて端末の写真を指差しながら伝え合うこともできます。加えて、この時期の子どもたちは、伝え合う中で探検中に気付いていたことを思い出すこともよくあります。そのときに、**様々な場所の写真を端末で自由に見たり見せたりできるようにしておくと、よい手助けとなるでしょう**。

これらのことは、しばらくして行われることが多い「地域に関わる活動」においても同様です。学校の中で、端末で写真を撮る体験を重ねておけば、その技能はどんどん高まります。例えばグループで分かれていくつかの場所に行く場合、許可をもらってお店や店員さんの写真を撮らせてもらい、それを教室で共有するのもよいでしょう。**これまでも教師が撮影してそれをモニター等で提示することはあったと思いますが、クラウドで共有すれ**

ば、全体はもちろん少人数での伝え合いでも、子どもたちは自分の端末で写真を自己選択し、それをもとに気付いたことを伝え合いやすくなります。

(2)「身近な人々、社会及び自然と関わる活動に関する内容(第二の階層)」から

「自らの生活を豊かにしていくために低学年の時期に体験させておきたい活動」[58]として示されているもので、公共物や公共施設を利用したり、季節の変化を味わったり、自然やものを使って遊んだり、動植物の飼育・栽培を行ったり、周りの人と様々なことを伝え合ったりする内容です。

例えば、季節の変化と生活に関する「あきをたのしもう」と題したような活動は、生活科の代表的な活動の一つです。子どもたちは枯葉やドングリなどで遊んだり、思いついたものをつくったりしますが、その過程では、ドングリの形や大きさを比べてみたり、工夫して遊びに使ったり、枯葉を何かに見立てて飾ってみたりして、秋を堪能します。そのようなときは端末で作業などせず、たっぷり自然と触れ合うことがもちろん大切です。**一方で、「ドングリを並べて大きさを比べたところ」「枯葉や木の枝で思いついてつくったもの」**

58 前掲57。

などを残しておきたいというのもまた子どもの願いとして起こりうるものです。そのようなとき、撮影はもちろん、その写真や動画を保存する場所としてのクラウドは大変便利です。（外でWi-Fiがつながらなければ教室に戻ってきて）そこに入れておけば、自分はもちろん、友達も教師もそれをいつでも見ることができるように設定できます。子ども同士の伝え合いにも、教師が活動中に見きれなかったものを評価して次の支援に活かすことにも機能するわけです。さらに、冬の季節になっても秋に撮影した写真を見返せますから、そのときを想起することで、実感をともなって季節の変化に気付いていくことが期待できます。

自然やものを使った遊びでは、子どもは一人で没頭して遊んでいたと思ったら、友達と一緒にそれぞれがつくったものをつなげて遊び始めたり、そこからさらに集団で遊び方が発展したりするなど、個別や協働の活動が意図的・無意図的に様々入り混じります。活動の中の一瞬一瞬で新たな気付き、思いや願いが発展していくのが生活科の醍醐味です。

一方、子どもたちは活動中にお互いの楽しみ方をすべて共有できるわけではありません。そこで、活動後に教室で楽しかったことを伝え合う際、遊んでいる写真や振り返りを視覚的に共有できれば、「わたしもそれをやってみたい」「合体させてこんなことができそう」など、新たな気付きや願いが生まれやすくなります。そのためのクラウド環境というわけ

です。教師も撮影しますが、慣れれば子どもも動画撮影もできるようになりますから、遊びの様子を動画で保存するのもよいですね。

アサガオを育てる活動ではどうでしょうか。関わりの中で愛着が深まってノートに色鉛筆でスケッチしたり、アサガオへの思いや願い、気付きを日記として用紙に記述したりしていくのは素敵な活動です。そこでそれと並行して、アサガオの成長過程を経時的に写真撮影した「アサガオ成長アルバム」(「わたしのアサガオお世話アルバム」)をつくっていくのもよいでしょう。自分が描いたスケッチや記述した振り返り用紙もそれと一緒に撮影しておくと、写真とスケッチと気付きをセットにしてクラウド上に保存することもできます。自分のアサガオの成長過程とそれへの思いの軌跡を豊かに記していくことができます。

いずれも、子どもたちの活動を阻害するのではなく、生活科で大切にしているたっぷりの活動や体験、関わり、そこから得た気付きを保存・共有し、伝え合いを行いやすくしたり、そこからさらに気付きの質を高めたりすることに活かすことができるということです。そして何より、「それを残したい」「みんなに見せたい」「その場で見せたかったけれど見せられなかった先生に、見せながら伝えたい」という子どもの思いや願いを実現するための道具・環境となりうるのです。

――(3)「自分自身の生活や成長に関する内容（第三の階層）」から

第三の階層には、「自己の成長」が位置付けられています。ここでは、自分自身の生活や成長を振り返る活動を通して、

・自分のことや支えてくれた人々について考えること
・自分が大きくなったこと、自分でできるようになったこと、役割が増えたことなどを自覚すること
・これまでの生活や成長を支えてくれた人々に感謝の気持ちをもち、願いをもって、意欲的に生活しようとすること

が目指されます。**これらはまさしく、これまでの活動や成長の「記録」が大切な学びの材料になります**。(1)(2)で示したような生活科の学びにおける写真や振り返りの記録、その他の学校での様々なくらしや学びの様子がクラウド上に保存されておけば、自分が大きくなったこと、入学当初にはできなかったことができるようになったこと、役割を果たせるようになったことなど、自己の成長に気付いたり伝えたりするための貴重な「自分史資料」となります。

できるようになったことは、例えば縄跳びなどであれば、写真だけでなく動画などがふさわしい場合もあるでしょう。目的に応じて、記録を写真にするか動画にするかについても、子どもが自己決定するとよいでしょう。

また、このような「自己の成長」の単元では、担任教師や家族から、その子の成長についての思いを込めた手紙が送られるような実践事例もあります。それについても実物を残すのはもちろん、(個人情報や公開できる範囲の承諾や教育的配慮を検討した上で) スキャンして残しておけば、自分がいかに支えられてきたかを端末でいつでも見返すことができ、自己肯定感や、今後の生き方への前向きな気持ちを高めたり思い出したりすることに活かせるでしょう。

何度も言いますが、テクノロジーの進化としてのクラウド環境や端末は、身近な人・もの・ことと直接的に関わる具体的な活動や体験を阻害するものではありません。もし阻害されるとしたら、それは使い方の問題だろうと思います。そうではなく、具体的な活動や体験の豊かさ、そこからの子どもの気付きや自立に寄与する活かし方のアイデアがどんどん生み出されてほしいと思います。

08 クラウド環境を音楽科の学びに活かす

音楽科は、表現及び鑑賞の活動を通して、音楽的な見方・考え方を働かせ、生活や社会の中の音や音楽と豊かに関わる資質・能力を育むことを目指しています[59]。機械的な技能ではなく、表したい音楽表現をするために必要な技能を身に付けること。表現を工夫したり、味わって聴いたりできること。そして音楽に親しむ態度や豊かな情操を培うことなどが資質・能力の具体とされますが、そのためには、思いや意図をふくらませたりイメージ

59 文部科学省『小学校学習指導要領（平成29年告示）解説 音楽編』東洋館出版、2018年、9頁。尚、ここでいう音楽的な見方・考え方とは、同書10頁において、「「音楽に対する感性を働かせ、音や音楽を、音楽を形づくっている要素とその働きの視点で捉え、自己のイメージや感情、生活や文化などと関連付けること」と考えられる」とされています。

また、音楽とは何か、音楽科教育の本質は何かということも学術的に様々に検討されていますが、実に多様ですので、ここではシンプルに学習指導要領の目標に依拠して示しています。

を共有したりしながら友達と豊かな音楽活動を営むことが大切です。そこにクラウド環境はどのように活きるのか、考えてみましょう。

⑴ 共通のテーマで「つながり」表現する授業

例えば、第四学年の歌唱共通教材である「もみじ」を二部合唱で歌う学習を行うとします。音楽科の表現領域では、表現に対する「思いや意図をもつこと（低学年は思いをもつこと）」が重視されています。よって、教師は単に「聴いて何度も歌ってみよう」とだけ指示するなどはもちろんしないでしょう。はじめて聴いたときに感じ取った曲想や、歌詞の意味を理解してそれが表す情景のイメージを交流したりすること。輪唱と和声的な旋律の重なりなど、楽譜を見ながら聴いて気づいたことを交流すること。何度も聴きながらどのような表現をしたいかイメージをふくらませて交流すること。**それらは、思いや意図を共有してともに音楽活動を味わったり、「表したい音楽表現をするために必要な技能」を活動の中で身に付けていったりする上でも重要なプロセス**です。その際、全員が共同編集可能なボードを端末上に準備して（前にも拡大提示して）、それぞれのイメージをそこに自由に記入し合うのもよいでしょう。あるいはイメージを口頭で伝え合いながらも、全員が発言するのは時間的に厳しいので、チャットで記入し合うのもよいでしょう。

教師はボードやチャットをもとにイメージの共通性や異質性を取り上げて発言を促しながら、どのようなことを表現したいかという子どもたちの思いや、どこをどのように歌いたいかという意図をねりあげていくファシリテートを行いやすくなります。また、そのボードやチャットはクラウド上に残っていますから、次回の授業などでいつでも振り返ることができます。なお、今回は中学年を例にしていますが、特に低学年などはイメージを身体の動きや形で表現することも多々あります。**その非言語的な表現によるイメージ共有や即興性は大切な音楽活動ですので、言葉にこだわらない方がよいことにまで無理に言葉や端末を使う必要はありません。あるいは場合によっては身体表現の動画撮影をしてみたりその共有をしてみたりして、クラウド環境や端末を活かせる場合もあるでしょう。**

さて、「もみじ」は二部合唱の美しい響きが素敵な楽曲です。その重なりを感じ取って、自分たちで工夫をするなど、思いや意図をもって表現する学習として考えていきましょう。

まずは斉唱と二部合唱を聞き比べて響きの違いを感じ取るなどの活動もよいですね。その際、みんなで一緒に聴き比べるのもよいですし、端末からアクセス可能にしておけば、時間を設けて各自で（イヤホンをつけるなどして）何度か聴き比べをすることもできます。

そうすれば、「この部分を何度か聴き比べたい」などの自己決定も可能になります。

実際に歌唱する時には、主な旋律と副次的な旋律それぞれの演奏の音源をデータで準備し、端末でアクセス可能にしておけば、教師も子どもたちも、各自の端末でいつでも再生可能です。これは、ピアノが苦手な教師には特にありがたいものではないでしょうか（私が苦手だったので本当にうらやましいです）。全員でもグループでも、副次的な旋律を模唱するためのお手本演奏を流したり、工夫して自分たちの意図で表現の仕方をいろいろに変えて歌い試すときの伴奏として流したりすることが簡単にできます。

そして、二部合唱の重なり合う響きを感じながら思いや意図をもって表現する場合、グループでも全体でも、自分たちの合唱を聴き手として聴いてみることは、より納得のいく表現に高めていくための改善点などを見出す上で有効です。そのために「自分たちの合唱を録音して聴いてみる」という活動はよく行われていると思います。それが今では端末で簡単に録音可能になりました。「合唱する→自分たちの合唱を聴いてみる→思いや意図が実現されているかを話し合ったり、新たな思いや意図が生まれたりして次の歌い方や変更点を決める→もう一度合唱する」というスパイラルな活動を、**全体はもちろん、グループに分かれても子どもたちが自分たちで端末を使ってやりやすい環境になった**わけです。そして**それらの録音を経時的にクラウドに保存しておけば、自分たちで変化を実感して音楽活動の楽しさや達成感を感じることができます**。また教師は授業中だけでなく、授業後にもそれを資料にして評価しやすくなり、次時以降の授業や子どもたちへの称賛、励ましを行いやすくなります。

――(2) 個別的な学びを「つながり」を通して豊かにする授業

(1)のように、小学校における音楽科は、個別的というよりも、イメージを共有したり、思いや意図を交流し合いながらともに合唱や合奏をつくりあげたり、鑑賞を通してそれに対する友達との感性の共通性や差異性を感じたりすることなど、「ともに活動する」ことが主となる教科です。「多様な学習者によって構成されるコミュニティへ子どもが参加することは、音楽学習の重要な一側面」[60]でもあります。

一方で、リコーダーの運指の技能などは、得意不得意や習得のスピードには個人差があります。リコーダーの基本的な運指の最初の指導は、音階に合わせてみんなでゆっくり指を動かしながら演奏する一斉指導などが行われますが、その後は**個別的に自分のペースで**

60 前掲47、110―111頁。

練習できるような場を提供するのも個に応じた大切な支援でしょう。例えば、端末から運指指導の動画にアクセスできるようにしておくなどが考えられます。教科書だけでなく、実際に指を動かしている動画に合わせるほうが習得しやすい子どもも多いはずです。教師はそれを見てまわりながら称賛したり励ましたり個別に指導したりできます。

また、子どもたちが表現に対してそれぞれの思いや意図をもつならば、それを合意形成するだけでなく、「自分を表現する」という個別的な活動も保障したいものです。その一つとして、表現領域の「音楽づくり」の活動におけるクラウド環境の活かし方について考えてみましょう。

高学年の音楽づくりの活動の指導事項には、「音を音楽へと構成することを通して、どのようにまとまりを意識した音楽をつくるかについて思いや意図をもつこと」や、「音の響きやそれらの組合せの特徴」「音やフレーズのつなげ方や重ね方の特徴」を「それらが生み出すよさや面白さなどと関わらせて気づくこと」、「音楽の仕組みを用いて音楽をつくる技能」を身に付けることなどがあります[61]。しかし、**子どもたちは、仮に音楽をイメージできたとしても、それを正確に演奏する技能が十分でない場合があります**。つまり、思

61　前掲59、71頁。

いや意図をもった音楽づくりが実現できないのは、音楽づくりそのものの思考ができないのではなく、それを表現する技能や方法が追い付いていないということが多くあります。

そこでそれを補うツールの出番です。例えば、Googleが提供する無料音楽ウェブアプリ（ダウンロードも不要）に、Chrome Music Lab[62]というものがあり、その中に「Song Maker」というツールがあります。音楽的な知識が豊富でなくとも、クリック操作だけで自分が好きな音階の音やリズムを打ち込むことができ、簡単に旋律をつくることができます。打ち込む際、階名が色分けされているため、和音などが視覚的に捉えやすいというよさもあります。クリック一つでつくった曲が演奏されるので、聴きながら試行錯誤し、いろいろと試すことができます。もちろん、録音、保存も可能です。しかも、つくって保存した音楽のリンクをClassroomやTeamsで共有すれば、友達とお互いの曲を聴き合うことができます。相互鑑賞ができるのはもちろん、自分と友達の曲をつなげる活動なども可能ということになりますので、音楽づくりの広がりを生み出すこともできます。**クラウドでお互いがつながっているところにウェブアプリのツール使用も絡めることで、先ほどの指導事項にまさしくつながる活動が実現できるのです。**

62 https://musiclab.chromeexperiments.com/（2023／7／1閲覧）

また**教師は、子どもたちの個別的な音楽づくりや自然発生的に生まれた共同制作の様子などを見ながら個別支援を行うことになるでしょう。各自のつくった曲のＵＲＬが適宜画面上にアップロードされるので、授業中も授業後も評価して次の個別指導に活かすことができます。**

音楽づくりの活動では、例えば教師が指導意図をもって、先に循環コードを提示し、そこに子どもたちが自由に旋律をのせるような活動の授業も考えられます。その場合、子どもたちは循環コードとの重なり方できれいな響きになるときとそうでないときがあることに気づき、旋律をつくり直すことで、「音の響きやそれらの組合せの特徴」が生み出すよさに気づいたり、「音楽の仕組みを用いて音楽をつくる技能」を身に付けることにつながったりすることが期待できます。

このように、**教師が授業を工夫することで、ウェブアプリが使えたり、そこで作成したものを簡単に共有できたりするクラウド環境が音楽科でも大いに活きることになります。**

09 クラウド環境を図画工作科の学びに活かす

図画工作科は、表現及び鑑賞の活動を通して、生活や社会の中の形や色などと豊かに関わる資質・能力を育むことが目指されています。「造形的な視点の理解」「表し方を工夫して、創造的に表現する技能の育成」「創造的な発想や構想をしたり、作品に対する見方や感じ方を深めたりすること」「つくりだす喜びを味わい、感性を育み、楽しく豊かな生活を創造しようとする態度を養い、豊かな情操を培うこと」などが資質・能力の内実とされています[63]。このようなことを目指すことは、「競争と利益を追求しがちな社会において、無用の用、生活における美を楽しむ心、遊びや想像のもたらす発想の転換の大切さなどを、芸術を通して学ぶこと」であり、「多様な価値観や異なるものの間の共存を目指し、人間

63　前掲38の129頁にある目標を要約しています。

らしい調和的な人生と社会を形成する基礎」（直江2020）[64]となるものです。そのような人間的な豊かさに深く関わる図画工作科において、クラウド環境をどのように活かして授業を構成することが学びの豊かさにつながるのか、考えてみましょう。

図画工作科はその特質上、表現においても鑑賞においても、個々の感性やアイデアを存分に発揮できるように、基本的には「それぞれ」での造形活動を保障することが多い教科です。しかし、「適宜共同してつくりだす活動を取り上げる」[65]ことも行われますし、個々で造形活動に取り組んでいても、必要に応じて友達のアイデアを参考にしたり、手伝い合ったりすることは自然に起こることです。また「造形遊び」などは、一人で没頭していた子どもが何かをきっかけに新たな活動を思い付き、友達とともにつくりはじめるなど、個別と協働が柔軟に入り混じることは多々あります。そこで、他教科のような(1)(2)の項目ではなく、生活科同様、内容のまとまりごとで考えてみることにします。

64　前掲47、117頁。
65　前掲38の133頁「第3　指導計画の作成と内容の取扱い」の（5）では、「第2の各学年の内容の「A表現」の指導については、適宜共同してつくりだす活動を取り上げるようにすること」と示されています。

(1) 表現

ア 造形遊びをする活動

造形遊びは、子どもたちが「材料などに進んで働きかけ、自分の感覚や行為を通して捉えた形や色などからイメージをもち、思いのままに発想や構想を繰り返し、技能を働かせてつくること」[66]です。後に述べる「イ 絵や立体、工作に表す活動」とは異なり、主題や内容をあらかじめ決めるものではなく、子どもたちが材料や場所、空間などと出会い、それらに関わる中で、自分で目的を見つけたり思いついたりしながら自由に活動を発展させていくことになります。どこかで満足して他のものをつくりはじめることもあれば、途中で考えが変わってつくりかえることもあるでしょう。まさしく「遊び」としての造形的な営みやその楽しさを子どもたち自身が実感できるようにすることが大切です。

そのような特質の活動において、クラウド環境や端末はどのように活かせるでしょうか。例えば低学年は、土、粘土、紙やそれを濡らしたものなど、材料を見たり触ったりした感触などから表したいことを思いつき、活動を広げていきます。そのような活動をしている

66 文部科学省『小学校学習指導要領（平成29年告示）解説 図画工作編』東洋館出版、2018年、26頁。

ときに、子どもが望んでもいないのに端末を扱わせるなど野暮ですね。使うとすれば教師でしょう。教師は夢中になっている子どもたちと関わり楽しみながら、刻々と変化する子どもたちの造形の様子をどんどん撮影し、教室であれば即時にアップロードして、大型画面にスライドショーのように流すなどの活かし方が考えられます。**子どもたちはお互いの活動やつくっているものを直接見合いながら相互作用が生まれますが、活動に没頭していると、離れて活動している友達の様子までは目に入らないこともあります。大型画面に流しておけば、そちらに目をやった際に、新たな発想が生まれることもあるでしょう**。また、**造形遊びはつくられた結果ではなく、活動自体が重要ですから、静止画だけでなく動画としてアップロードするのも有効でしょう**。

中学年では、材料の広がりとともに、樹木や遊具等がある場所、体育館や傾斜地など、「場所」もさらに広がりをもってくるでしょう。同時に、つくったものを写真で残しておきたいという思いから、自分で端末を使って撮影することを望むことも増えてきます。よって、教師が子どもたちの様子を撮影するだけでなく、希望する子どもは撮影することを推奨し、**実際の場での相互鑑賞だけでなく、教室での振り返りや紹介などで、クラウド上に活動の動画やそこでつくられたものなどをアップロードして相互参照ができるようにす**

ると、コメントも行いやすくなるでしょう。

高学年では、材料や場所の具体的な特徴を捉え、三次元的な奥への広がりなどの空間への働きかけなども加わり、より豊かな活動になっていきます。例えば、ミラーシートの上に何かものをおくと、シートにそれが映し出されることで、全体の空間が視覚的に興味深いものになります。そこから「どのようなものをどのように置いたら面白くなりそうか」を考えて子どもたちの活動は広がっていきます。このような活動では、そのプロセスで「気に入ったものを写真に収めておきたい」「どのような角度から撮影すると面白いかというアングルや構図をいろいろに試したい」という思いをもつ子どももいるでしょう。**そうして撮影した写真や動画の相互鑑賞は、実物を見合うこととは違った楽しさも生み出します。このような活動は、クラウド上でお互いの写真を見合える環境がとても便利に機能することになります**。他にもいろいろな活かし方を考えてみてください。

イ　絵や立体、工作に表す活動

アに対し、子どもたちが「感じたこと、想像したことなどのイメージから、表したいことを見つけて、好きな形や色を選んだり、表し方を考えたりしながら、技能を働かせて表すること」[67]がイになります。学習活動としては、「およその目的やテーマを基に発想や構想を行い、自分なりの技能を活用しながら表し方を工夫して思いの実現を図っていくこと」[68]になります。

ここでは、クラウド環境や端末を、「①子どもの作品や活動プロセスの記録・公開に活かす場合」と、「②造形活動それ自体に活かす場合」とで考えてみます。

まず①ですが、学校で行われる図画工作科の造形活動は、そもそもクラウド環境や端末などなくとも、活動の最中にお互いの活動の様子やつくっているものを現在進行形で見合いながら相互作用が起こっているものです。安全面への配慮等は必要ですが、自由に席を離れて見合ったり、構想を相談し合ったり、似た構想の友達とともに活動したりすることは推奨するとよいと思います。

ただ、没頭してすべては見られなかったり、見回ることにばかり時間を取ることができなかったりするのも事実でしょう。その場合は、**教師が適宜いろいろな様子（作品だけでなく、参考になる技能も含め）を写真や動画で撮影して大型画面にスライドショーで流し、適宜子どもたちがそちらに視線を向ければ参考にできるようにする**のもよいでしょう。各

67、68　前掲66、27頁。

自の端末でも選んで閲覧できるようにしておけばさらに便利です。また、学年が上がるにつれて、つくっているものの変化を自分で経時的に写真に残しておき、端末で見返せるようにしておけば、当初の意図を思い出したり、新たな工夫を見出したりすることに活かせることもあるでしょう。**それをクラウド上で共有しておけば、友達の「過去の工夫」なども参考にし合うことができます。**

続いて「②造形活動それ自体に活かす場合」ですが、象徴的な例として、ここでは高学年で実践されることが多い「コマ撮りアニメーション」を題材として取り上げます。少しずつ変化させてコマ撮りした画像をつなぎ合わせ、再生してアニメーションとして表現することは、動画撮影とは異なる動きが生まれたり、動画撮影では実現できない表現ができたりして、とても楽しい活動です。クラウド環境が整っていなくても、端末のカメラ機能やプレゼンテーションアプリなどの利活用が積極的にされてきました。コマ撮りした画像自体が作品の一部であるため、それを保存することはもちろん、専用アプリを使えばつなぎ合わせたり入れ替えたりして何度も見返しながら活動を行うことが可能になります。**そこにクラウド環境が加われば、多数の友達のアニメーションや作成途中のそれを、自分の場所で活動しながら見合うことができます。参考にして自分の作品の発想を広げるだけで**

なく、友達の作品と工夫してつなぎ合わせて共同アニメーション作品の構想が生まれることもあるかもしれません。そのような活動が、創造的かつ調和的で豊かな人間や社会を形成する基礎が培われていくことにつながっていくように思います。

――(2) 鑑賞

図画工作科における鑑賞は、もちろん実物を直接鑑賞するのがいちばんよいですし、それが基本です。それが置かれている場所まで含めて意図があることもあるでしょうし、そこまで含めて作品と言えるものもあるでしょう。写真や動画で作品を撮ったものを画面上で見たとしても、実物を鑑賞することに及ばないのは自明です。よって、クラウド環境やそこでの端末は、「作品をその場所に置けなくなったとき」や、「粘土でつくった作品のように次の活動でまた粘土を使うためにくずさなければならなくなったとき」に、それを記録保存して、時間が経っても画面上では見られるようにするなどの活かし方が基本でしょう。

しかし、先ほどのアニメーションのように、画像やコマ撮りをつなぎあわせた連続の動き自体が作品である場合は、むしろ端末での鑑賞の方が有効なこともあります。端末であればアニメーションを何度も再生して見ることができますし、友達との相互鑑賞では、自分の席に座ったまま、鑑賞する順番も回数も自由に自己決定していろいろな作品を鑑賞することができます。端末上に「○○さんへのコメント」というコーナーを設けておけば、作品の感想やよいところを相互に伝え合うコメントを残すこともできます。教師にとっても、作品や鑑賞の様子をその場や授業後に評価することができ、称賛したり、次の指導・支援に活かしたりすることができるでしょう。

図画工作科は、どのような造形活動をするか、どのような作品を鑑賞するかによって、クラウド環境や端末を他にも様々に活かすことができそうです。**子どもたちが豊かに「芸術する」学びの実現のためにぜひ、楽しんで試されてください。**

10　クラウド環境を家庭科の学びに活かす

家庭科は、「家族や家庭、衣食住、消費や環境などについての基礎的な理解やそれらに係る技能」「日常生活の中から問題を見いだして課題を設定し解決する力」「家庭生活を大切にする心情、家族の一員として生活をよりよくしようと工夫する実践的な態度」などの資質・能力の育成が目指されています[69]。学習活動としては、「家族や家庭」「衣食住」「消費や環境」などに係る生活事象を、『協力・協働』『健康・快適・安全』、『生活文化の継承・創造』『持続可能な社会の構築』等の視点で捉え、よりよい生活を営むために工夫するような実践的・体験的な活動を行います。子どもたちがこれから生涯にわたって、自立しともに生きる生活の創造力につながる重要な教科です。

69　前掲38の136頁にある目標を要約しています。この後の文章において学習指導要領から引用している部分も、この書より行っています。

家庭科と聞くと世間一般には、調理実習や布を用いた製作などのイメージが強いようですが、「家庭科」という名称が示すとおり、家族や地域の人々との関わり、家族の一員としての生活を対象とする教科です。よって、**それぞれの家庭の状況を踏まえた個別的な課題解決や学びが大切にされるべき教科であり、だからこそその配慮も必要になる教科と言えます。そのような特質のある教科で、クラウド環境はどのように活かせるでしょうか。**ここでは、学習指導要領の「食生活」の内容にある「(3) 栄養を考えた食事」を例にして考えてみましょう。

——(1) 共通の対象についての課題を「つながり」の中でともに考える授業

「栄養を考えた食事」では、一食分の献立について栄養のバランスを考えて工夫する学習があります。例えば、数時間を使って行われる学習の流れの一つに次のようなものがあります。

①体に必要な栄養素の種類と主な働きについて理解する
②食品に含まれる栄養素の特徴により「主にエネルギーのもとになる」「主に体をつくるもとになる」「主に体の調子を整えるもとになる」の三つのグループがあることやその

具体的な食品を理解する

③その食品を組み合わせたり、主食、主菜、副菜などの料理を組み合わせたりすることにより、栄養のバランスがよい食事になることを理解する

④それらの知識をもとに、教師が提示した「栄養のバランスがよくない献立例」の改善を検討する

④の「栄養のバランスがよくない献立例」を改善することを共通の課題として考え合うことは、①~③の理解をより深めるとともに、それを実践的に活用してよりよい食生活につなげる力を高めることになります。その際、「どんな食品を加えたらよいか」「何を減らした方がよいか」などを各自で検討し、クラウド上で割り当てられたそれぞれのシートに表現して、共有するのはどうでしょう。黒板などに掲示せずとも、画面上で友達のシートを現在進行形で共有できます。そうすれば、難しい子どもは友達を参考にできますし、考えることができた子どもは、友達の献立と比較することで、バランスがよい献立の答えは多様にあることを学べます。さらに、「友達と私の献立は違っているけれど、どちらでもよいのかな。あるいは、よりバランスがとれている方があるのかな」「栄養のバランスはとれているけれど、おいしさのバランスもこだわりたいね」などと考えを深める学びにつ

なげるきっかけが生まれやすくなるでしょう。**共通の課題（共通の「バランスのよくない献立」の改善）を考え合うからこそ、お互いの考えた改善献立を共通の土台で見合ったり、新たな問いが生まれたりして深まる学びを実現したいものです。そこにクラウド環境は活かせるでしょう。**

⑵個別的な学びを「つながり」を通して豊かにする授業

⑴で得た知識や献立への見方・考え方をもとに、個別的な学びにつなげていくことは、家庭科では特に大切ではないでしょうか。なぜならはじめに述べたように、**家庭科の特質の一つは自分の生活基盤である家庭やともに暮らす家族が対象となることだからです**。食事に関することであれば、「わたしのお兄ちゃんの好み」「妹の苦手な食品」「我が家の人気メニュー」「仕事が大変でご飯をつくる時間が長くとれないお母さん」など、一人一人の家庭や家族の状況に応じて献立を考えることこそが「実践的な活動」であり、真正な学びであり、「日常生活の中から問題を見いだして課題を設定し解決する力」と言えるでしょう。ここでは⑴の①〜④の続きとして、

⑤家族にふさわしい献立をつくる

という学習活動でクラウド環境を活かせないか考えてみましょう。ここでは、それぞれ家族の状況が異なりますから、友達と同じことを解決するのではなく、それぞれの状況を踏まえた課題を解決することになります。そのため、友達とは「必要に応じて貢献し合う関係」としての協働的な学びとなります。具体的にどのような貢献をし合えるでしょうか。

例えば、

ⅰ献立を考えているプロセスや結果をクラウドで現在進行形共有し、自分の家族の状況を踏まえながら参考にし合う。

ⅱ自分の献立はバランスが取れているものになっているか、献立に入れるとよい料理はないか、直接相談し合う。

ⅲそれぞれが考えた「献立とその意図」をクラウドで共有し、「あなたのお父さんが好きなアスパラをうまく入れているのがいいね」「スープには、小さく刻んだ人参を入れているから、弟くんも食べられそう」など、コメントし合ってお互いのよさを認め合う。

などが考えられます。ⅰやⅲは、クラウド環境における端末だからこそ簡単に、かつ多くの友達とやりとりを行いやすくなるでしょう。ただし、子どもたちの家庭背景は様々です。このような活動をする場合には、学級の子どもたちの実態をよく踏まえ、それへの配慮を十分に行うこと（このような交流自体を行うのかどうかも含めて）が大切です。

今回は「食生活」の内容を例に挙げましたが、例えば「布を用いた製作」における手縫いの玉結びやミシンの使い方などの技能は、習得に個人差があるのが自然です。そのような学びではお手本映像を教師が準備してクラウド上にアップロードしたり、お手本となるフリー動画のURLを伝えたりして、個々で自由にアクセスできるようにしておくとよいでしょう。子どもたちは見たい時に何度でも見ながら自分のペースで練習することができます。指導の個別化としての手立てにつながります。

このように家庭科では、**家族や周囲の人々と関わりながら、自立と共生で生活をよりよくしようと工夫する実践的な資質・能力につながるように、個別的かつ協働的な活動を実現したいものです。そのためにこそ、クラウド環境をうまく活かしていきましょう。**

11 クラウド環境を体育科の学びに活かす

体育科は、心身の健康を中核としつつも、時代によって目指すべき人間像が少しずつ変化してきました。現在の学習指導要領では、「生涯にわたって心身の健康を保持増進し豊かなスポーツライフを実現するための資質・能力」を育むことが目指されています。それを「体育や保健の見方・考え方を働かせ、課題を見つけ、その解決に向けた学習過程を通して」実現しようとしています[70]。

ここでいう「体育の見方・考え方」とは、「運動やスポーツを、その価値や特性に着目して、楽しさや喜びとともに体力の向上に果たす役割の視点から捉え、自己の適性等に応じた『する・みる・支える・知る』の多様な関わり方と関連付けること」と考えられてい

70　前掲38の142頁を要約しています。この後も、学習指導要領からの引用はこの書より行っています。

ます[71]。そのことからも、単に運動技能を高めるだけでなく、生涯にわたる豊かなスポーツライフを実現するという観点が強く意識されていることがわかります。

また、「課題を見つけ、その解決に向けた学習過程を通して」とあるように、指示されたことをこなすのではなく、第3章01で述べた汎用的な力の一つである「問題発見・解決能力」を体育科の学びの文脈で働かせることも大切にされていることがわかります。

そのような体育科学習において、クラウド環境はどのように活かされるのか、考えてみましょう。ここでは運動を、チームを組んでゲームを行うような「集団的な運動」と、器械運動などの「個人的な運動」とに分け、(1)では高学年の「ボール運動」の内容を例に、(2)では中学年の「器械運動」を例に検討してみます。

(1) 共通のテーマを「つながり」の中でともに考え、挑む授業

高学年における「その学級の実態に合わせてルール等を工夫したバスケットボール」を例にしてみましょう。「ボール操作」と「ボールを持たないときの動き」によって、チー

71 文部科学省『小学校学習指導要領解説 体育編（平成29年告示）』東洋館出版、2018年、18頁。この後も、学習指導要領解説からの引用はこの書より行っています。

ムの作戦に基づいた位置取りをするなど、攻守が入り交じって行うゴール型の一つです。『小学校学習指導要領解説　体育編』に示されているように、「近くにいるフリーの味方にパスを出すこと」「相手に捕られない位置でドリブルをすること」「ボール保持者と自己の間に守備者が入らないように移動すること」「得点しやすい場所に移動し、パスを受けてシュートなどをすること」「ボール保持者とゴールの間に体を入れて守備をすること」などが具体的な技能の内容になります。

子どもたちにとってこの単元の共通のテーマは、「チームの仲間と協力して技能を高めたり作戦等を工夫したりして、ゲームで勝利できるか」でしょう。子どもたちが「勝ちたい」と思ったりそれにこだわったりするのは自然です。勝敗を競い合う楽しさがゲームの特性だからです。それがあるからこそ、技能向上のための活動とともに、「ルールを工夫したり、自己やチームの特徴に応じた作戦を選んだりするとともに、自己や仲間の考えたことを他者に伝えること」という思考力・判断力・表現力等につながる活動に必然性が生まれます。

ではそのような思いをもった子どもたちにとって、クラウド環境はどう活かせるでしょうか。例えば、**パスやドリブルなどの技術は、「ポイント解説なども含めたお手本動画」**

などにいつでも端末からアクセスできれば、チームや各自で必要に応じて参考にすることができます。運動量の確保は体育科の授業の基本ですが、子どもたちが技能向上のために必要に応じて動画を見るのは、自分なりの課題解決の方略ですから、推奨して「お手本を見る→参考にしながら動きをつくる（練習する）」という活動が生まれるのはよい姿だと思います。

チームの作戦会議ではどうでしょう。各チームにホワイトボードやその上で動かせるコマなどが準備され、それを使いながら話合いが行われることがよくあります。それがクラウド環境であれば、自分の端末上でチームの友達とデジタルボードを共有でき[72]、それぞれがアバター（コマ）を動かし合いながら、一緒に考えることが可能になります。さて、アナログボードと端末共有のデジタルボード、どちらがよいでしょうか。端末でできるとはいえ、大きめの一つのアナログボードで頭を突き合わせて、手でコマを動かしながら会議を行う方が、お互いの意見を出しやすかったり、身体的な距離の近さがチームワークにもよい影響をもたらしたりするようにも思います。**学級・チームの実態や話し合う内容にもよりますが、やはり何でも端末がよいわけではなく、子どもたちが選択してどちらも試**

72　ロイロノートの共有ノートや、Google Classroom の共有スライドなど、いろいろなアプリで作成できます。

せるようにしたいものです。やってみた結果、もう一方の方がよかったかもしれないと思えば、次回、その反省をもとに子どもたちがそちらを選択すればよいのです。

一方で、チーム同士で対戦するとはいえ、学級全体としての集団づくりの視点を踏まえても、お互いの作戦を隠すのではなく、よい動きや得点につながった作戦は共有して高め合おうとする、その中で切磋琢磨して勝利を目指すという気持ちのよい学びを目指したいものです。その場合、**一つ一つのチームの作戦を口頭で発表し合ったり、一部の場所のみに掲示したりするのは、時間的にも視覚的にも負担があります。そこで、お互いの作戦を記述したものを端末で共有すれば、自分たちが参考にしたいチームの作戦をどれでもすぐに見ることができます**。「チームで作戦会議→ゲーム→学級全体で各チームの作戦を端末で共有→自分のチームの課題を明確にし、他のチームの作戦も参考にしながら再び作戦会議→ゲーム…」の流れで活動を仕組めば、作戦会議をスムーズかつ充実させることにクラウド環境を活かせます。それは、ゲームの時間（運動量）を長く確保することにもつながりますし、お互いの作戦への称賛もコメント機能やチャット機能で交流しやすくなります。チーム内とチーム間、両方の「つながり」をつくりながら学びを深めることに機能します。

（2） 個別的な学びを「つながり」を通して豊かにする授業

中学年器械運動の「跳び箱運動」の切り返し系「開脚跳び」を例に考えてみましょう。学習指導要領には、知識及び技能として「跳び箱運動では、切り返し系や回転系の基本的な技をすること」、思考力・判断力・表現力等として「自己の能力に適した課題を見つけ、技ができるようになるための活動を工夫するとともに、考えたことを友達に伝えること」と示されています。ちなみに、私は元小学校教諭ですが、初任としてはじめて開脚跳びの授業をしたとき、子どもが跳び箱に両手をついてお尻をつかずに越えられれば「できた」と判断し、「より高い段数に挑戦しなさい」などという何もわかっていない恥ずかしい指導をしていました。それがまだ「切り返し系の技としての開脚跳び」にはなりきれていないことを教師も子どもも自覚できていなかったり、運動の特性も踏まえていなかったり（意味なく高い段数に挑むことが器械運動の本質ではない）、子どもたちが自分の能力や願いに即した動きづくりへの課題も見出していなかったり、などです。

他教科でも他領域でもそうですが、いくらクラウド環境が整っていても、そのような基本的な学習内容への理解が教師には不可欠であるという真摯に学ぶ姿勢は大切です。しか

し、教師も得意不得意があり、多くの仕事を抱えています。そこで第1章でも述べたように、職員室内で体育科が得意な方が、その知見をもとにした資料をクラウド上にアップロードし、誰でも見られるようにするなど、お互いの得意分野を提供し合うことをぜひ推進されてください。その年度だけでなく、学校の財産としてクラウドに蓄積し続けてはどうでしょうか。そのことで教師も子どもも学びを充実することにつながったり、助け合ってみんなが「得をする」ことにつながったりするのではないでしょうか。

話がずれてしまいましたが、そのような基本的なことを理解した上であれば、開脚跳びに挑む子どもたちにとって、クラウド環境や端末は活きてきそうです。まず、「かっこいい」「あんなふうにやりたい」などの基本的なスタートの意欲を高めたり、立ち返ったりするものとして、「美しい開脚跳び」のお手本動画をいつでもアクセスできるようにします。最近では、多様な角度から動きを見られる動画などもありますから、活用できますね。次に課題の明確化ですが、体育科ですから、自分の体を動かしているときの主観的・体感的な認知と、言葉や映像・絵・図などの客観的な認知を行き来しながら自分の動きをつくろうとする学び方をするはずです。そこで、運動をした際の自分の体感と、それを友達に端末で撮影してもらった映像を合わせて状態を認識し、お手本動画と比べることで課題を見出すなどの方法があります。開脚跳びは、「助走↓踏切↓第一空中局面↓着手↓第二空中局面↓着地」の一連の動きのまとまりとして運動が構成されています。例えば第一空中局面に焦点化した場合、「お手本のように空中でもっとかっこいい姿になるための動きづくり」を課題とする子どももいれば、そもそも第一空中局面がない（踏み切る前に着手しているなど）ため、その動きをつくることに課題を見出す子どももいるでしょう。

それぞれ課題が明確になれば、**「自分の課題を追求する動きづくり」を行いますが、孤立ではありません。お互いの課題を理解し合っておけば、協働的に学びを深めることができます**。自分が跳ぶときは数名の友達がその動きをよく見たり動画撮影をしたりし、動きや練習の場、行い方について気づいたことを伝えてくれる。そのことで、「自分の体を動かした体感」「動画によるその動きの客観的認知」「友達からのアドバイス」の三つを組み合わせて次の活動を工夫し、動きをつくろうとする。友達が跳ぶときには、自分が同じように貢献する。このようにして、課題が違ってもお互いのために貢献し合う協働的な学びが促進されます。**教師は子どもたちの様子を見ながら適宜支援を行いますが、学級の人数が多ければ全員に関われないこともあるでしょう。クラウド環境があれば、撮影された一人一人の動画を簡単に共有できますから、隙間時間に見て、次の時間に称賛したりアドバ**

イスしたりするなど、一人一人に適した支援を行いやすくなります。

もちろん動画に限らず、子どもたちが授業中（運動の合間）や授業終末に気づいたことや振り返りを端末に記入したり、あるいは紙に記述したものを撮影してアップロードしたりしていけば、それはそのままクラウド上にデータとして蓄積されていきます。教師は授業中や授業後にそれらを見取り、評価やその後の指導に活かすことができます。これは(2)に限らず(1)のような集団的な運動でも同様です。

このように、ボール運動で技能を高めたり作戦をよりよいものにしたりして勝敗を競い合うような集団的な運動でも、跳び箱運動のような個人的な運動でも、子ども同士、子どもと教師が「つながり」ながら動きづくりをしていくことにクラウド環境や端末は活かすことができます。**それは、できた喜びや、ともに協力し助け合う心地よさ、勝敗を競い合う楽しさ、自分の体で動きの美しさを形にしていく楽しさなど、豊かなスポーツライフを実現するための資質・能力の育成に貢献しうる便利さではないでしょうか。**

12

外国語活動・外国語科の学びに活かす
クラウド環境を

小学校の教育課程では、中学年に外国語活動、高学年に外国語科が位置付けられています。本節では、はじめに少し小学校外国語に関するこれまでの経緯を確認しておきます。

前回（平成20年度改訂）の学習指導要領では、はじめて高学年に「外国語活動」が導入されました。外国語を用いた音声中心の活動を通して、「言語や文化に対する理解」「積極的にコミュニケーションを図ろうとする態度」「外国語の音声や基本的な表現への慣れ親しみ」が目標とされました。そして現行の学習指導要領では、「小学校中学年から外国語活動を導入し、「聞くこと」、「話すこと」を中心とした活動を通じて外国語に慣れ親しみ外国語学習への動機付けを高めた上で、高学年から発達の段階に応じて段階的に文字を「読むこと」、「書くこと」を加えて総合的・系統的に扱う教科学習を行う」[73]とされまし

73　文部科学省『小学校学習指導要領解説　外国語活動・外国語編』東洋館出版、2018年、7頁。

た。当初、高学年に「読むこと」「書くこと」が入ってくることで、子どもたちにも教師にも負担が大きくなるのではないかという懸念が聞かれました。しかし実際は、活字体で書かれた大文字、小文字（アルファベット）の読み書きは確かに習得が必要ですが、それ以外の読み書きにはほぼ負担はありません。詳述はしませんが、簡潔に言えば、単語の綴りを覚えることなどは要求されていないからです。慣れ親しんだ音声と文字を対応させて推測しながら読んでみたり、お手本をそのまま書き写したり、例文を見ながらその一部分を自分の好みや伝えたいことに合わせて単語を置き換えたりするのみです。

小学校は外国語活動も外国語科も、あくまで音声中心であり、コミュニケーションの積極性を中核としていること。「読むこと」「書くこと」も含め、コミュニケーションを図る素地（外国語活動）や基礎（外国語科）を育む領域・教科であること。つまり、目的や場面、状況を意識した「相手のあるコミュニケーション」が展開の中心になるのが特質の一つなのです。そのことを踏まえ、この節では「聞くこと」「話すこと」を中心にしつつ、

(1)教室における子ども同士のコミュニケーションや様々な活動

(2)英語を話せる外国人とのコミュニケーションを目的とした活動

として、それぞれでクラウド環境がどのように活かせるかを考えてみます。ただし、実際

の単元や授業は(1)(2)は分けられるものではなく、複合的に位置付く展開もよくあります。あくまでここでは便宜上、活動で区切っているものとして捉えてください。

(1) 教室における子ども同士のコミュニケーションや様々な活動を「つながり」の中で豊かにする授業

そもそも小学校の外国語活動や外国語科は、専科教員がいたり、あるいは学級担任とALTとのTTで行うことが多かったりするとはいえ、教師が英語が堪能であるとは限らないこともあります。よって、導入時よりデジタル教材やICT機器の活用が積極的に行われてきました。むしろ、ALTやデジタル教材が「英語のお手本」であるのに対し、学級担任は英語のお手本ではなく、「英語を積極的に聞こう、話そうとする態度のお手本」としてふるまう姿勢が、子どもたちによい影響を与えてきた側面もあります。その意味でも、ICTやデジタル教材の活用には慣れている方も多いと思います。外国の文化に触れる画像や映像もたくさん使えます。よってここでは、そこにクラウド環境が加わることでどう豊かになるかを考えます。

音声によるやり取りや発表を行う外国語活動や外国語科は、単元全体にしても一単位時間にしても、次の①～③に比重が移っていく展開が基本となっています。

①音声や基本的な表現をたっぷり聞く（耳慣れる）

②少しずつ話していく（口慣れる）

③それらを使って目的の伝えたいことの発表やその聞き合い、やり取りを行う（コミュニケーションを図る）

これは人間の音声言語習得の自然な流れを意識しています。ただし、ひたすら聞く、ひたすら話すような活動は単調ですしコミュニケーションの目的もありません。よって、何度も聞いたり注意深く聞いたりする必然性のあるゲームを取り入れたり、だんだん話すことが増えるようなアクティビティを位置付けたり、伝え合う必然性のある場面を設定したりして単元構成や授業が工夫されています。

このとき、音声に慣れ親しむのには個人差がありますから、「クラウド上に各単語や各表現のお手本音声をアップロードしておき、いつでもアクセスして聞けるようにしておく」という手立てが浮かびそうです。しかし、それはデジタル教科書やデジタル教材で同様にできるでしょうし、何より、外国語の授業はコミュニケーションこそが核ですから、先の①～③のいずれであっても、子ども同士やALTとの関わり合いの中で行うことが大切であるはずです。子ども同士がゲームやコミュニケーションの中で、表現を忘れたときに教え合ったり、ALTに援助を求めたり、目の前で戸惑っている友達にヒントを出したり、それに感謝したりする直接的な関わりこそが素敵な姿として推奨されるべきでしょう。**完全には操れない言語でコミュニケーションや様々な活動を行うという営みこそが外国語の授業の醍醐味であり、だからこその助け合いも生まれやすくなります。これは信頼や貢献などをもとにした人間関係づくり、学級づくりにもつながることです。そこに無理にクラウド環境を活かす必要はないでしょう。**

一方で、「話すこと」には「やり取り」と「発表」があります。後者の活動としてよく行われる“show and tell”(実物や絵を見せることも交えながら、学級のみんなの前で自分の好きなものや興味のあることなどについて発表すること)ではどうでしょう。聴衆としての子どもたちはその発表に対して、数名が簡単な英語で感想を伝えたり、複雑な感想を伝えたければ日本語で伝えたりします。しかし、多くの人数のすべての感想を口頭で伝えることは時間が足りず、現実的にはできません。そこで、**クラウド上に作成した感想コーナーのコメント機能やチャット機能などを活用すれば、全員がその子の発表内容に対しての感想や、発表方法に関してのよさを伝えることができます。このような場合であれば、クラウド環**

境はコミュニケーションの促進に活かされるでしょう。

(2) 英語を話せる外国人とのコミュニケーションを目的とした活動を——「つながり」の中で豊かにする授業

次に、学級の友達への発表ややり取りではなく、「留学生に日本の遊びを伝える」など、英語を話せる外国人とのコミュニケーションを目的として、その準備を行う活動などではどうでしょうか[74]。このような活動では、個人やグループの伝えたい内容によって、必要な英語表現や単語がかなり異なってきます。伝える相手は英語が堪能なので、学級の友達に伝わるかどうかを気にせず、純粋に自分やグループが伝えたい内容に合わせた英語を獲得すればよいわけです。その子どもの自然な意識に寄り添うならば、友達同士で教え合えない表現や単語が多数出てきてもおかしくありません。そのようなときは、**子どもたちが英語が堪能な教師やALTに必要な英語をたずね、その発音を動画撮影させてもらうとい**

74 このような活動を頻繁に行うことは難しいと思いますが、学期や年に一回程度、学校外の外国人との交流活動をカリキュラムに組み込んでいる学校もあります。外国語活動や外国語科の目標を踏まえると大変有効だと思います。また最近では、学校外の英語の講師と子どもたちが一対一で対話するオンライン英会話を年間に幾度か導入している学校もあります。そのような環境を活かしてここで述べるような活動を構想するのもよいでしょう。

う活動が有効です。それをクラウド上にアップロードして共有し、自分やグループのメンバーがいつでもアクセスできるようにします。そうすれば、外国人との交流に向けて、いつでも何度でも聞いたり発音したりしながら準備ができます。そのような活動はより問題解決的な学びにもなりますし、「私もその英語は知りたかった、言えるようになりたかった」というものが一致すれば、他の友達やグループと貢献し合うことにもなります。

子どもが本当に伝えたい思いを膨らませると、それに合わせてデジタル教科書やデジタル教材にはない表現が必要になるものです。仮に「その表現や単語は小学生には少し難易度が高いのではないか」と思うものも要求してくるかもしれません。しかし、コミュニケーションの積極性を育むことを目指しているのであれば、むしろそのような学び越えは素晴らしい姿です。**そう考えると、子どもが願った単語や表現をクラウドに蓄積し、それを子どもが自由に選んで聞いたり話したりできるようにすることは、学びを深める望ましい学習環境づくりになると思います。**

また、学級の中に外国とつながりのある子どもが在籍していて、その子が英語を話すことが得意な場合があるかもしれません。そのような学級であれば、子どもたちがその子と関わって教わるのはもちろん、**本人が許可してくれれば、その子の発音映像を学級内で見**

られるようにクラウドにアップロードするなどの工夫もよいでしょう。頼り合い、貢献し合う関係を深めることにもつながります。

なお、外国語活動や外国語科における様々なコミュニケーションの様子は、教師が撮影したり、グループの子ども同士で撮影し合ったりしてクラウドに残していけば、その場ですべての子どもたちの様子を見られなくても後から見ることができます。それが子どもたちの相互評価や教師の評価、その後の指導に役立てられるのは言うまでもありません。

いくつかの例を示しましたが、「読むこと」「書くこと」も含め、子どもの「伝えたい」「知りたい」という思いや願いを実現するコミュニケーションを支援するためにクラウド環境がどう活かせるか。コミュニケーション能力の素地や基礎となる資質・能力を育むためにどう活かせるか。ぜひいろいろと試してみてください。

13

クラウド環境を「特別の教科 道徳」の学びに活かす

「特別の教科 道徳」（以下、道徳科）は、従前は領域であった「道徳の時間」が、2015年3月の学習指導要領の一部改正によって、教科として位置付けられたものです。それを受けて現行の学習指導要領では、道徳科の目標を「道徳性を養うため、道徳的諸価値についての理解をもとに、自己を見つめ、物事を多面的・多角的に考え、自己の生き方についての考えを深める学習を通して、道徳的な判断力、心情、実践意欲と態度を育てる」[75]と規定しています。そのための具体的な学びの在り方として、改正時に「考え、議論する道徳」への質的転換が明確に打ち出されたのでした。道徳を教科化することは、教育研究の見地から様々な意見がありましたが、人間が集い、道徳的な問いを前にしてよりよい生

75　前掲38、165頁。この後も、学習指導要領の引用についてはこの書より行っています。

き方について「考え、議論する[76]」ことや、固定化された狭い視野ではなく「多面的・多角的に」考えること自体は、社会的存在としての人間がともに幸福な生き方を追求する大切な営みであると思います。またそれは、学校という場に人間が集う意義、同じ空間でともに考えることの意義にもつながるものだと個人的には感じています。

「考え、議論する道徳」は、特別活動の学級会における合意形成とは異なり、道徳的な問いを議論しつつ、「自己を見つめること」「多面的・多角的に考えることを通して自己の生き方についての考えを深めること」を実現しようとします。つまり、**議論するという「協働的な学び」でありつつ、他者ではなく自己の内面を見つめて自己の生き方に向き合うことがその本質であるという点では「個別的な学び」でもあります。逆に言えば、個別的でありながらも、社会的存在としての人間は、人間とともに語り合うことによってこそ道徳性が養われるという意図で、「考え、議論する」ことを強調しているはずです。**

そこでここでは、「共通のテーマをともに考える」と「個別的な学びをつながりの中で

76 「議論」という表現も、「対話」などの方が道徳にはふさわしいとする意見もありますが、ここでは学習指導要領の表現を採用し、道徳的な問いをもとによりよい生き方を求めて対等な関係として語り合うことを「議論」と表現して展開します。

豊かにする」を分けずに、「共通のテーマ（道徳的な問い）をともに考えることを通して、自己の生き方についての考えを深める」という学び[77]に焦点をあてることとします。まず(1)で、クラウド環境以前に道徳を味わい深く学ぶための考え方を検討し、(2)でそこにクラウド環境がどう活きるかを検討してみることにしましょう。

(1) 多面的・多角的に考え、議論し、考えを深めるために

さて、ここまで何度か出てきた「多面的・多角的に」考えるということはどういうことでしょうか。教科によっても異なりますが、一般に『多面的』に考えるとは、対象の多様な側面に着目しながら考えること、『多角的』に考えるとは、主体が多様な立ち位置（立場）で対象を捉えながら考えること、などと言われることがあります。ただ、道徳科に関しては、実践者や研究者が『多面的』『多角的』をそれぞれ「こう解釈している」ということが複数あり、統一された見解はありません。

77　目的は同一というわけではありませんが、このような道徳的なテーマをともに考える学びは、近年、学校教育でも注目されている「哲学対話」（哲学的なテーマを対話を通してともに考え合う営み）にもつながるところがあるように思われます。

例えば、教材（読み物資料など）の主人公の心情や行為の理由・意味を多様な側面から共感的・分析的に考えてみることを『多面的』とし、子どもたちがそれぞれの立場で「主人公の行為についてどう考えるか（批判的検討）」「自分ならどうするか」などを異なる意見も出し合いながら広げ深めていくことを『多角的』と捉える解釈があります。
あるいは、一つの道徳的価値（内容項目）を多様な側面で考えることを『多面的』とし、ある道徳的な場面を複数の道徳的価値（内容項目）から考えることを『多角的』と捉える解釈などもあります。

そもそも明確には分けられないから「多面的・多角的」としているのだとも言えますし、例示した以外の解釈の方もいるでしょう。解釈の問題なので、どれが絶対的に正しいと優劣や正解を決めつけることにあまり意味はないように思います。そうではなく、それだけ人間の内面や行為の背景は多様に考えうる複雑性を帯びたものであること。だからこそそれらを語り合うことでよりよい生き方への考えを深められると考えることがまずは大切ではないでしょうか。もし「『教師が望んだ価値の捉え』が子どもの発言や記述として表れることが大事」とするのであれば、まわりくどいことをせずとも、子どもがそうとしか言えないような追い込みの発問や説き伏せをすればよいわけです。西野（2014）によれば、

「授業において「ともに深く考える」という話し合い活動は、それ自体が道徳的実践」で**あり、「さまざまな見方や考え方に出会いながら自分の生き方や人間としての在り方を内省し、内省から新たな課題や問いを見いだしていく協同探求的な話し合い活動こそ道徳授業の特質」**[78]です。**「考え、議論する」ことは単なる手段ではなく道徳的実践**であり、そのプロセスを実質化するのが質的転換の目指すところでしょう。

そうであれば、議論を前提とした場づくりとともに、**道徳的場面におけるどのような問いをともに考え、議論するかこそが決定的に重要**です。多面的・多角的に考える必然性がなければそのプロセス自体が成立しないからです。「よいことだと誰もが思うことなのに、なぜ主人公は○○ができなかったのか」「ここでの『本当の親切』とはどういうことか」「自分ならここでどうするか（どうしてしまうか）。それはなぜか」「○○することはいつでもよいことか。よくないときがあるとすればそれはどのようなときか」…など、**人間の内面や自己の生き方について多面的・多角的に考え、深められるような問いになっているか、それをともに考え議論する味わいがもたらされているか**を大切にしたいものです。

78　西野真由美「実践力を育む道徳授業をつくる」『道徳の時代をつくる！―道徳教科化への始動―』教育出版、2014年、32―39頁。

――(2) そこにクラウド環境と一人一台端末はどう活きるか

さて、(1)のようなことを大切にして授業を仕組んだとすると、道徳科の豊かな学びのためにクラウド環境と一人一台端末は便利に機能しうることが見えてきます。

①学級全体で議論する場合

全体で議論する場合、教師の発問や誰かの投げかけに対して、挙手などして個々が発言していきますが、「Aさんの発言を聞いたからこそ生まれるBさんの発言や教師の問い返し」といったように、直列つなぎの議論が子どもの思考を深めていくことが期待できます。一方で、学級の人数にもよりますが、発言する人数が時間的に限られるのは必然です。また道徳科では、議論の最中に、手は挙げていないけれど、ふと聞こえた一人の「小さなつぶやき」こそが、ともに考えを深める重要なきっかけになることもよくあります。教師はそれを聞き逃さないように取り上げたり発言を促したりするようなファシリテートを心がけますが、誰もがつぶやくわけではありませんし、教師も子どももそれらすべてを把握することはできません。

そこで、互いの考えを文字で共有できる機能（学習支援アプリの機能やチャットなど）を使いリアルタイムに書き込めば、誰かの発言を聞いて枝分かれしたつぶやきが、並列つなぎとして視覚的に画面に表れることになります。子どもや教師はそれを見ながら意図的に取り上げて議論を深めることが可能になります。バラエティ番組や動画配信で、視聴者のつぶやきを取り上げるのと同じ原理です。ただし、それには道具の使い慣れや、細かいことでもつぶやける学級の雰囲気や学び方の定着を同時進行で育てていく必要があります。

また、議論を活性化する別の方法として、ロイロノートやGoogleスライドなど、全員で共同編集ができるアプリも活用できそうです。例えば以前はよく、道徳的な行為に迷う場面において、

・教師が黒板に『心のバロメーター（心のものさし）』の図を掲示する

↓「今の自分の気持ちはどのあたりでしょうか」などの発問をする

↓子どもたちが自分の気持ちに近い位置にそれぞれのネームプレートを貼り付ける

↓みんなでそれを見ながら議論する

というような光景がよく見られました。クラウド環境でつながっていれば、「心のバロメーター」を画面上で共有すれば端末で同じことができます。その上、**議論の最中に自分の心が揺れ動けば、その都度、黒板まで行かずとも自分の意思で自由にプレートの位置を変**

えることができます。その動き自体が多面的・多角的に考え、議論する中で問い続けている一つの証ともいえるでしょう。他にも、Xチャートのような思考ツールの活用など、いろいろな工夫を試してみるとよいと思います。**大切なのは、「多面的・多角的に考え、議論するのにふさわしい質の問い」があり、それに対する議論を深めるための視覚的・操作的支援としてクラウド環境と端末をうまく利用してやろうという考え方です。**

②グループで議論する場合

全体で議論するのはもちろんよい学び方の一つではありますが、いくら工夫したとしても、少人数と比べると一人一人の表現の機会が少なくなるのは否めません。また、思考と表現は一体的なものですから、表現の機会が多いほど思考が活性化するのも事実でしょう。

3～4名程度の小グループでの議論はその意味で、「考え、議論する」ことにふさわしい形態の一つと言えます。このときのグループの構成はいろいろと考えられます。席の近い子ども同士でグループを組む他に、先ほどの「心のバロメーター」を全体で確認し、その位置が近い人同士でのグループ、あるいはそれぞれの位置がばらばらな人同士でのグループなどが考えられます。「多角的に考える」ことをそれぞれの立場の考えを聞いて広げ深めることと捉えるならば、異なる立ち位置にいるグループでの交流を意図するのはよい手立ての一つです。また、グループ構成自体を子どもたちの自己決定に委ねるか、ある程度教師が意図をもって仕組むかも、一概にどちらがよいということはありません。何について議論するのか、初発の考えがどのような分布か、子どもたちの自己決定の経験がどのくらいか、などによって教師の判断は変わってくるでしょう。**「自律的な学びが大切だから何でも自己決定」「教師のねらいが大事だから何でも教師が決定」、ではなく、文脈に応じた判断で実践してみて、省察を重ねていってください。それを考慮しない中でのクラウド環境依存は、道徳の学び深めにはつながらないように思われます。**

さて、そのようにしてできた**それぞれのグループに、ホワイトボードアプリなどでボードを割り当てれば、考えを書きこんだり、そのつながりや違いを視覚的に確認したり操作したりしながら議論を展開できます。もちろん、他のグループのものも現在進行形共有で参照することもできます。**それを見合うことで途中からグループ同士の議論が起こったり、ワールドカフェのように、誰かが残って他のグループの議論を聞きに行ったりするような柔軟な展開もよいでしょう。クラウド環境によって、子どもたちは「席を動かなくても他のグループの議論が見られるから動かない」ではなく、**「他のグループの議論を自分の席で見られるからこそ、詳しく聞きたくなって動いてしまう」というような触発がなされる**

と、**環境や道具のよさがさらに活かされた道徳の学びになるのではないでしょうか。**

③評価に係って

道徳教育に係る評価等の在り方に関する専門家会議は、「『特別の教科 道徳』の指導方法・評価等について（報告）」において、学期や年間を通した道徳科の評価について、以下のように見解を示しています[79]。

・道徳的判断力、心情、実践意欲と態度などに分節して観点別に見取ろうとすることは、道徳性を養うことを目的とする道徳科の評価として妥当ではない
・個々の内容項目ごとではなく、大くくりなまとまりを踏まえた評価とする
・個人内評価を記述で行うに当たっては、例えば、「他者の考え方や議論に触れ、自律的に思考する中で、一面的な見方から多面的・多角的な見方へと発展しているか」「多面的・多角的な思考の中で、道徳的価値の理解を自分自身との関わりの中で深めているか」といった点に注目することが求められる

これらからは、**教師が定める一定の価値やゴール（正解）への到達度を見るのではなく、**

79 道徳教育に係る評価等の在り方に関する専門家会議「『特別の教科 道徳』の指導方法・評価等について（報告）」（2016年7月）の9—11頁を要約しています。

考え、議論することを通した多面的・多角的な見方への発展性や、自分自身との関わりの中での深化など、価値の理解や深まりにつながるプロセス自体を重視していることがわかります。多面的・多角的に考えることや議論すること、自己の生き方についての考えを深めることを学ぶ姿として求めているのであれば、当然とも思われます。

そうなると、毎時間の各自の振り返りとともに、議論に使ったボード等のデータはクラウド上に保存・蓄積できますから、教師が行う評価にも子どもが行う自己評価にも貴重な資料となります。子どもたちが学期末や年度末に、それらの資料をもとに、特定の内容項目ではなく、「多面的・多角的に考え、議論して自分の心を見つめる」という在り方についての成長を振り返ってみるのもよい活動になると思います。先ほども述べたように、それは単なる手段ではなくその営み自体が道徳的実践でもあるからです。

なお、お気づきになったと思いますが、本節の例は、いずれも端末操作やクラウド環境にかなり慣れた中学年から高学年向けの活動でした。もちろん、低学年でも簡易な活用はできますが、何よりも目の前の子どもの実態や発達の段階を踏まえながら、「道具慣れ」と「教科の本質に向かう学びの実現」の比重や関係を継続的に検討していきましょう。

14 クラウド環境を総合的な学習の時間の学びに活かす

総合的な学習の時間は、現行の学習指導要領では、「探究的な見方・考え方を働かせ、横断的・総合的な学習を行うことを通して、よりよく課題を解決し、自己の生き方を考えていくための資質・能力」[80]を育むことを目指しています。ここでいう「探究的な見方・考え方」とは、「問題解決的な活動が発展的に繰り返されていく」ことを意味するとされる「探究的な学習」[81]を支える次の二つであるとされています。

- **「各教科等における見方・考え方を総合的に働かせるということ」**
- **「特定の教科等の視点だけで捉えきれない広範な事象を、多様な角度から俯瞰（ふかん）して捉え**

80 前掲38、179頁。
81 文部科学省『小学校学習指導要領解説 総合的な学習の時間編』（東洋館出版、2018年）では、「総合的な学習の時間における学習では、問題解決的な活動が発展的に繰り返されていく。これを探究的な学習と呼ぶ」としています。この後の「探究的な見方・考え方」も同書10頁より引用しています。

ることであり、また課題の探究を通して自己の生き方を問い続けるという、総合的な学習の時間に特有の物事を捉える視点や考え方」

そして、「探究の過程」とされる「①課題の設定→②情報の収集→③整理・分析→④まとめ・表現」を「経由」し[82]、「そこからまた新たな課題を見つけ、さらなる問題の解決を始めるといった学習活動を発展的に繰り返していく」のが子どもの姿であるとされます。学習指導要領においてはここまでのように説明されていますが、全国には「総合的な学習の時間」が創設される以前から、「総合学習」として先行的に研究してきた学校もあります。そこでは子どもの探究の過程やその姿をより広く柔軟に捉えている実践も脈々と続けられています[83]。いずれにしても、ここまでの確認から次のような特質がある領域と言えるでしょう。

・教科の枠にとらわれない自然や社会の広範な事象を対象とすることで、**「よりよく課題**

82　物事の本質を探って見極めようとする一連の知的営みを探究と考えるならば、この①～④は、探究の一つの道筋だとは思いますが、そうならないこともあるでしょう。そのため、前掲81の解説でも、「ただし、この①②③④の過程を固定的に捉える必要はない。物事の本質を探って見極めようとする時、活動の順序が入れ替わったり、ある活動が重点的に行われたりすることは、当然起こり得ることだからである。」と示されています。

83　長野県伊那市立伊那小学校の総合学習の実践などもその一つです。

を解決する力」そのものを育む領域であること。それを探究の過程を経由するなどして育むので、本書の第3章01で**「教科の枠を超えて育む汎用的な力」**として確認した中の**「問題発見・解決能力」「情報活用能力」を育むことに特に直結すること**。

・**自然や社会を対象にした一連の探究的な経験を、現在及び将来の自己の生き方を考えることにつなげること**。

さて、総合的な学習の時間の肝とも言える探究課題は、横断的・総合的な課題（現代的な諸課題）、地域や学校の特色に応じた課題、児童の興味・関心に基づく課題などがあります。学校や地域の実態、各学年・学級の実態を踏まえて、目標とセットで探究課題を検討・設定されていると思います。

他教科等でもそうですが、課題がどのようなものであったとしても、「その課題を解決するために必要な情報がある」と子どもたちが自覚すれば、「情報の収集」をしようとするでしょう。また、情報を得るだけでは解決にならなかったり、情報をもとに自分の考えや意見をつくったりしなければ解決できないと自覚すれば、収集した情報の「整理・分析」の必要性を感じるでしょう。そして、それらを「まとめ・表現」することで他者と交流することが課題解決につながることになるなら、それを行うでしょう。さらに、解決したからこそ新たな課題が見えることもあるでしょう。

つまり、**はじめから「①課題の設定→②情報の収集→③整理・分析→④まとめ・表現」が固定化されているのではなく、自分たちが見出した課題を解決するために見通しを検討していく中で、子どもたちに「その過程が妥当であると判断された場合」に、その過程になるのです**。例えば、何かを「知ること」が子どもが自覚した課題であるとして、インターネットで検索すればそのまま答えが書かれているのであれば、「整理・分析」する必要はそもそもなく、それがそのまま解決になります。知ればよいのですから、他者に伝える必要もないので、「まとめ・表現」をする必要もありません。そのような質の低い課題であれば、むしろ①～④の過程など踏まない方が賢いのです。より質の高い課題を見出していれば、過程は当然異なるでしょうし、先の①～④をたどることもあるでしょう。

このように、**課題に合わせて「どのような過程をたどることが解決として妥当か」について自分たちで検討していくことは、「問題発見・解決能力」にもつながることです。また、解決のためにふさわしい情報の収集方法や処理方法を検討するのが「情報活用能力」につながります**。

おわかりのように、**いくらクラウド環境やインターネットや端末を活かしたところで、**

見出した課題が簡単なネット検索で解決するものであったり、発展性のなかったりするものであれば、探究の深まりもよりよく課題を解決する力の高まりもありません。また、自己の生き方や社会参画を意識することにつながるような深まりがなければ、目標にもつながりません。他教科等でもそうですが、クラウド環境や端末さえあればよいのではなく、**子どもが学ぶにふさわしい課題を見出すことが総合的な学習では特に大切だと言えます。**

そのような探究課題をもとに、子どもが「情報の収集」や「整理・分析」、「まとめ・表現」が必要だと見通したとき（その順序通りではなかったり、行きつ戻りつしたりすることが探究にはいくらでもあると思いますが、いずれにしてもそれらの活動が必要になったとき）には、クラウド環境は当然活きてくるはずです。考えてみましょう。

(1) 共通の課題を「つながり」の中でともに探究する授業

■情報の収集

情報の収集方法は、見学、聞き取り、図書資料、インターネット上の資料など、様々ありますが、総合的な学習の時間では、課題によって教科よりも多様になります。グループや学級でそれらを手分けした場合、収集した情報の共有にクラウド環境が便利なのは言うまでもないでしょう。**簡単にグループや学級で共有できるのはもちろん、収集の活動をしている場所や時間が違っていても、個々の状況に応じて共有場所に入れていくことができます**。

ただ、情報の収集・共有については、社会科のところでも述べましたが、情報活用能力育成の面からも、「いつ、どこで、誰から聞いたことか」「共有することを本人から承諾を得ているか」「インターネットからの情報は信頼できる出所か」「図書でもHPでも、出所を明記しているか」などの指導を継続的に行うことで、**【情報を得やすく共有しやすいよさを活かす力】と【配慮ある収集と共有ができる力】の両方を高めたいものです**。

■整理・分析

収集・共有した情報の信頼性が確保できたら、課題の解決につなげるために、錯綜した情報の整理が必要になります。その場合、グループ内で、情報の内容ごとに共有フォルダをつくってみたり、同じ情報は同じドキュメントやスライドに記入・貼り付けたりするなど、整理の仕方はいろいろと工夫ができます。教師が例示するのももちろんですが、高学年になると自分たちで工夫できるようになります。

分析としては、例えば数量の情報であれば、使いやすい表計算アプリを使えば、グラフ化して共有するなども高学年であればできるようになります。

また分析や考えの形成に関わっては、『小学校学習指導要領解説　総合的な学習の時間編』に紹介されている「考えるための技法」の活用でもクラウド環境は活きてきます[84]。「考えるための技法」とは、例えば「順序付ける」「比較する」「分類する」「関連付ける」「多面的に見る・多角的に見る」「理由付ける（原因や根拠を見つける）」「見通す（結果を予想する）」「具体化する（個別化する、分解する）」「抽象化する（一般化する、統合する）」「構造化する」などが挙げられています。

そのような思考活動を行う場合、ホワイトボードアプリなどで、画面上のボードに付箋を張り付けたり、それを動かしたり矢印でつないだりしながら考えることができます。また、いわゆる思考ツール（ベン図、イメージマップ、X・Yチャート、マトリックス、ピラミッドチャートなど）[85]を使うのもよいでしょう。これらは、順序付けや比較、関連付けなどの思考を視覚的・操作的に支援するよい道具になるでしょう。

このようなボードや思考ツールを使った活動で協働的に学ぶ場合は、

84　前掲81、82—86頁。

85　田村学、黒上晴夫『「深い学び」で生かす思考ツール』（小学館、2017年）などに活用事例が示されています。

・まずは一人一人がそれを使って考える→それらを見せ合いながらグループで交流し、分析や考えを深める

というやり方もあり得ますし、

・ボードや思考ツールを共同編集しながら話し合い、分析や考えを深める

というやり方もあるでしょう。

大切なのは、子どもたちが自分たちでやり方を選択し、実践してみること。うまくいかなければやり方を変えてみること。そのように自分たちで試行錯誤しながら探究を形にしていく学びではないでしょうか。

■まとめ・表現

ここまでくると、グループでまとめたり、発表したりするために、例えばプレゼンテーションアプリを使えば共同編集できることなど、便利に機能するのはもうおわかりだと思います。その際、

・スライドごとに割り振り、お互いの進行状況を見ながら自分の担当を作成・編集する

というやり方もできますし、

・同じスライドを複数で作成・編集する

こともできます。これも先ほどと同様、**子どもたちが自分たちでやり方を決めてやってみながら、必要に応じて変えてみるという学びに伴走するのが教師の役割となるでしょう。**

――(2)個別的な課題を「つながり」の中で探究する授業

中学校の実践や、高等学校の「総合的な探究の時間」の実践では、一人一人が自分ならではの探究課題を設定し、探究する実践が増えていますが、個人的には小学校でも高学年をはじめとしてそのような実践が増えてよいと思っています。

ただ、「何でも好きなように」では、先ほどの例のように「ただ調べて知ったら終わり」のような質の低い課題となるかもしれません。教師も個々への対応や負担が大きいでしょう。しかし、共通の課題を探究して解決に至った際、そこからさらに生まれる新たな課題を一人一人が設定していくような展開などを工夫すれば、後半から個別的な課題を豊かに探究することも可能だと思います。それぞれの課題を探究しつつも、クラウド上(画面上)で間接的に助け合える環境にあり、教室の中で必要に応じて直接相談して助け合える距離にもいるという「つながり」の状態です。

■情報の収集

「自分の課題」「それに合わせた情報の収集方法」を学級内で見合えるようにしておけば、教師はそれに対して直接でも画面上でも助言や称賛をしやすくなります。また、子ども同士でも、参考にし合うだけでなく、課題の内容が似ていれば、収集した情報を共有したり相談したりするなどの助け合いも行いやすくなります。

■整理・分析

(1)の「■整理・分析」で示したことは、個別の探究の整理・分析でも可能であることがわかると思います。それを各自で進めつつ、現在進行形共有もできるので、「思考ツール」を使った考えの深め方」なども参考にし合うことができます。さらにそれは画面上で参考にするだけにとどまらず、**相談したい相手を見つけやすくなるということでもあります。見つけたら直接話しかけて相談し合うとよいでしょう。**

教師は子どもたちの様子を見るのはもちろん、クラウド上で把握できる情報も活かしながら、**必要に応じて内容に関する助言をしたり、「相談相手にふさわしい活動をしている友達」を紹介したりするなどの支援を行いやすくなります。**

■まとめ・表現

文書作成アプリを使って文章でまとめたり、プレゼンテーションアプリを活用したり、あるいはアナログに新聞でまとめたりなど、いろいろな方法を子ども自身が自己決定してまとめ・表現を行っていくとよいでしょう。デジタルな方法であれば、クラウド上で共有しながら参考にできます。アナログであっても、その子たちは近づいて活動すれば助け合いや相談は可能です。

ただし、アナログの場合でも、作成途中や完成したものは撮影してクラウド上にアップロードしておくと、大きさなどを気にせず学びの履歴として残しやすくなります。端末でお互いのものを参考にもしやすくなりますので、そのような活かし方もよいでしょう。

ここまで、総合的な学習の時間の特質やそこでのクラウド環境の活かし方を検討してきました。総合的な学習の時間が「よりよく課題を解決」する資質・能力を育む領域なのであれば、その学び方は当然他教科等にも通じるものです。「考えるための技法」も思考ツールも、**子どもの学びの必要に応じて**他教科等でも使えるものですから、ここで示したクラウド環境や端末の活かし方も適用できます。

なお、設定した課題によっては、「情報の収集→整理・分析→まとめ・表現」が最適な過程になるとは限らないはずです。例えば発展的に「○○を防ぐための△△をつくろう」「もっと□□を面白くつくりかえよう」などの創造的な活動を伴う課題が見出された場合、解決のための見通しを話し合う中で、「設計→試作→再設計」のような過程を踏むことが必要ではないかと子どもが考えることもあるでしょう。そのような展開になったときにどのようにクラウド環境や端末が活かせるかも、ぜひ**子どもたちとともに考えてみてください**。

15 その他、クラウド環境を授業関連で多様に活かす

ここまでは、各教科等の特質を踏まえつつ授業でクラウド環境を活かすことを検討してきました。最後に、クラウド環境を授業関連で他にも活かせることはないか、いくつか検討しておきましょう。

(1) 特定の学習法などに活かすことももちろん可能ではある

例えば、学習法として様々な教科等でその型を取って授業が展開されるような場合（知識構成型ジグソー法86など）はどうでしょう。そのような場合でも、一人一人や各グループが調べた事実や理解、考えを共有したり参照し合ったりするのにクラウド環境は便利に機能します。それはこれまでの各教科等の例示を踏まえれば明らかでしょう。

ただし、教室で特定の学習法（授業の構成法）を行うときは、教師の教育的意図だけで

なく、

・子ども自身が解決したいこと、すべきことを自覚できるか（しているか）

・解決のために特定の型や手順が妥当だと子ども自身が納得できるか（しているか）

をよく検討することが大事だと思います。**それがないと、クラウド環境における端末活用は、子どもにとって「指示された活動を遂行するためのもの」になり、問題の解決や納得という学び手としての本来の目的であるはずのことがおろそかになってしまう恐れがあります**。逆に言えば、「子どもの論理」でそれに筋が通っていれば、クラウド環境における端末は、子どもの問題発見・解決的な学びに大いに役立つものとなるはずです。その意味

86　東京大学CoREFが中心となって展開してきた協調学習の理論をもとにした授業の型の一つ。白水始・飯窪真也・齊藤萌木・三宅なほみ 執筆・編集『自治体との連携による協調学習の授業づくりプロジェクト 協調学習 授業デザインハンドブック第3版─「知識構成型ジグソー法」の授業づくり─』（東京大学CoREF、2019年）では、「生徒に課題を提示し、課題解決の手がかりとなる知識を与えて、その部品を組み合わせることによって答えを作りあげるという活動を中心にした授業デザインの手法」とされています。大まかには、【教師からの学習課題の提示・学習者の予想】→【グループに分かれて特定の情報について理解を深める：エキスパート活動】→【各グループからそれぞれの情報をもちよった新たなグループで、お互いの情報や理解を説明し合って（ピースを埋め合って）理解を深める：ジグソー活動】→【全体でのクロストーク】→【個々で学習課題に対する結論づくり・確認】といった流れになります。

でやはり、

・子どもの自己決定性の高い授業を構想しているか

あるいは、

・教師や友達の提案や指示であったとしても、子どもがそれに「のっかる」ことに興味や納得や妥当性を感じる導入や展開の工夫がなされているか

ということが、クラウド環境や端末に関係なく教師が大切にすべき基本と言えます。

――(2) 教科等横断的な指導[87]に活かす

教科等横断的な指導は、学習指導要領においては、「合科的な指導」と「関連的な指導」の二つとして説明されています。それぞれの意味[88]とそのような指導でのクラウド環境における端末の活かし方を考えてみましょう。

---

87 子どもにとっては「教科等横断的な学び（学習）」ですが、文部科学省『小学校学習指導要領解説 総則編』（東洋館出版、2018年）では、教師側の目線として「教科等横断的な指導」としてその内実が説明されていますので、ここではそちらに合わせることとします。

88 前掲87の71―72頁の解説をもとに二つの指導の意味を要約しています。

■合科的な指導

合科的な指導とは、教科のねらいをより効果的に実現するために、単元又は1コマの時間の中で、複数の教科の目標や内容を組み合わせて学習活動を展開するものです。

これは複数の教科を一体化したものですから、その内容や単元の構成に応じて、各教科等での活かし方や総合的な学習の時間での活かし方で検討してきたことがそのまま適用できるでしょう。その他の工夫もいろいろ試してみてください。

■関連的な指導

関連的な指導とは、各教科等の指導内容の関連を検討し、指導の時期や指導の方法などについて相互の関連を考慮して指導するものです。

これは、Google Classroom や Teams などで、教科等ごとにクラスやチーム、ボックスをつくるなどし、その中に、日々の授業の様々な学びの履歴や成果を蓄積していれば、大いに活かすことができます。「自分の学びや友達との協働的な学びの蓄積」「各教科等の授業で使った資料」などが、自分の端末から多様にアクセスできるからです。「二時間目の算数で学んだ○○の見方が、この理科の学びで使えますね」「一学期に学んだ国語の△△の説明の順序が、この社会のまとめをつくるときに活かせるね」ということを、口頭や念頭だけでなく、具体的な過去の記述や資料を見直しながら関連させることができます。もちろん手書きのノートも活用できますが、端末のデータであれば、その日の時間割にはない教科のデータにもアクセスできますし、数か月前や一年前など、経時的にも素早くアクセスすることができます。かさばらず、端末一台が手元にあるだけで、多量かつ多様な教科等のデータにアクセスできるのもよさですね。

そして、私は教科等横断的な指導として、さらに次の一つを付け加えたいと考えます。

■比較的な指導

比較的な指導とは、子どもたちがある教科を学ぶときに、その教科の特質を味わうことにつながるように、他教科と比較する視点を促しながら指導することです。「特質」とは、他と比較することではじめて違いとして浮き彫りになるものです。今学んでいる教科は他教科と何が共通していて、何が「ならでは」なのかに気づくためには、比較のきっかけをつくる支援が大切ではないかと思っています。

例えば、理科の授業の終末で、「社会科でも同じ水を取り上げて学んだね。社会科でわたしたちが使う水のゆくえを考えることと、理科で水について考えることは、どのような違いがあるだろうか。何がそれぞれの面白さなのだろうか」と比較的に考えるきっかけをつくるということです。それにより、理科は、物質としての水の性質を自然科学的な作法で解明しようとする学びであること。社会科は、人々が水とどう向き合い、利用し、工夫しているか、人間同士や自然がどう作用し合いながら社会生活が営まれているかを注意深く見つめ、よりよい社会の営みはいかなるものかを考えようとする学びであること。そのようなそれぞれの特質を浮き彫りにすることにつながります。また比較することは、特質とともに共通するものへの気づきも促すことになります。

そのように**複数の教科の学びを比較しながら考えたり意見を交流したりする時、頭の中だけで想起するのは難しいこともあります。クラウド環境であるからこそ、一つの端末から自分の学びや学級の学びを想起する材料（学びの履歴）に短時間でアクセスして考えることができます**。

さて、本章はここまでです。様々な教科等でクラウド環境を活かすこと、そして最後は教科等横断的な指導でクラウド環境を活かすことも検討してきました。

各教科等はいずれも子どもの思いや願い、生まれる問いを大切にすれば問題解決的な学びとなり、解決のためには何らかの情報を活用する必要があり、言語を介していたと思います。その意味で、「教科等の枠を超えた汎用的な力」とした「言語能力」「問題発見・解決能力」「情報活用能力」は働きますし、高められていくでしょう。一方で、一部しか触れられていませんが、各教科等にはそれぞれ他とは異なる味わい深い特質や固有に高められる資質・能力があることも改めて確認できたのではないでしょうか。

また、学びの在り方として、友達と共通のテーマをともに考えることのよさもあれば、個のテーマを探究しながらも友達と必要に応じて貢献し合うつながりをもつことのよさもありました。

いずれの育成にしても学び方にしても、クラウド環境は、子どもたちの学びを豊かにするために大いに利用できることは間違いないことではないでしょうか。

昨今、カリキュラム・オーバーロードが問題視されており、私も教育課程におけるコンテンツの精選は必要だと考えています。また子どもたちが一人一人のペースや興味・関心を大切にしながら、それぞれで学ぶような授業スタイルも、自立した学び手を育てる上で大切だと考えています。一方で、スリム化や自己決定や授業スタイルだけを優先し、せっかくの味わい深さが薄れてしまうのも問題です。教科等の旨味を少ないコンテンツでも味わえるように精選するとともに、教科の枠を超えた汎用的な力を発揮しつつ、各教科等ならではの原理や方法論（見方・考え方）を働かせたり鍛えたりできることが不可欠です。また、自分のペースや興味・関心を大切にするのはもちろん、時にはあえて友達とみんなでペースを合わせ、共同注意で「同じ時間の同じ空間で同じことをともに考える」ことならではの味わいもあるはずです。

いずれの力の育成や授業スタイルであっても、クラウド環境等のテクノロジーはうまく利用できます。授業準備等の負担軽減にもなります。クラウド環境だからこその気づきから授業スタイルが変化していくこともあります。「負担を減らしつつ豊かな学びを子どもも教師も問い続け、更新できる」…そのためにこそ、学校・教室にクラウド環境が整備されているのではないでしょうか。

おわりに

拙い文章に目を通していただいたみなさん、ありがとうございました。

「はじめに」で触れましたが、私は授業研究や学級経営研究を専門にしていますが、ＩＣＴに特化した研究者ではありません。ＩＣＴは教育を支援する素晴らしい道具ですし、特にクラウド活用が前提となった環境は素晴らしいものだと思います。一方で、それによって学び方や授業スタイルの変化、個別化、一人一人の思考や活動の「スムーズさ」が促されたとしても、「それが学校におけるくらしや学びの豊かさのすべてなのだ」というほど人間の営みは単純なものではないというこだわりもあります。本書を執筆しながら改めてそのことを実感しました。

■くらしや学びの中で、子ども一人一人の自由や自己決定が大切にされること。自分のペースで学べること。友達とのつながりの中で「頼れる安心」「貢献する喜び」を味わうこと。そのためにクラウド環境を利用するのであり、形の変化が本質ではありません。

■大切だからと言って、いつでも一人一人、いつでも自分のペースがよいわけではないこと。ときには集団の中で、時間と空間をともにし、同じものを同じ瞬間に見つめてみること。友達の興味にのっかってみること。相手にペースを合わせてその語りに耳を傾けること。同じ問いをともに考え込むこと。同じものを同じ瞬間に見つめたのに、感想や考えが異なることに驚き、喜び、ときに途方に暮れること。それらの感覚を味わうことは学校で子どもたちが「ともに生きる」重要な価値の一つであり、手放せないことです。そのつながりのためにもクラウド環境を活かすのであり、自己決定や一人一人のペースの実現「だけ」が教育や学校の本質ではないし、学びの本質でもありません。

■子どもたちが、教科の枠だけにとらわれず、学び方や汎用的な力を高めること。情報社会に生き、PCやインターネットを使い、クラウド環境で過ごすことが当たり前の時代に対応すること。その中で生涯にわたって学び続けるような自立した学び手になること。そのためにクラウド環境や高速通信ネットワークを活かした学びを積み上げてほしいと思います。

■しかし一方で、小学校六年間というかけがえのない人生の一部の中で、教科等という「性質の違いで分化された営み」そのものを味わってほしい。学問や専門、こだわりに通じる入り口としての営みを味わい、甘いと感じたり、苦いと感じたり、独特の風味に驚いたりしてほしい。自分はどの味が特に好きか、どれとどれを混ぜたいか、何を探究しているときが幸せかを考えるきっかけにしてほしい。その豊かな味わいのためにクラウド環境を活かすのであり、いつでもどこでも使えるスキルを獲得することだけに学び（学校で生きること）を矮小化するためではありません。

結局、人工的につくりだされた道具や環境は、すべて幸せを求めるための手段にすぎません。二面性としてもち合わせる「影」を注意深く拒みながら、幸せになる使い方がされなければなりません。その意味でも、教育や学び、学級づくりや授業づくりで大切なことは何かを問い直しながらクラウド環境の活かし方について考えるという「考え方」を大事にしたかったのです。拙い文章を綴りながら、そのような当たり前のことにあらためて気づきました。

何度か述べてきましたが、本書が考え方を伝える上で紹介した例も世にあふれる事例集も、子どもの学びの豊かさや幸せのために使えそうであればどんどん使いましょう。しかし、それが効果的には作用しない子どもや集団もいるのが学校であり、教室です。それが教育の複雑性であり、教師の必要性でもあります。本書で述べた考え方の参考にできるところはしてもらいつつ、具体的な例は、そのまま試して子どもが幸せになるのならそれもいいですし、何か違うと思ったら、目の前の子どもたちに合わせて変えてみてください。

道具や環境に慣れさえすれば、「その子たち」と向き合っているみなさんの方が、はるかによい活かし方を生み出せると思います。子どもたちは多様な上に、使用しているアプリ等も多様でしょうし進化もしていきますから、細かい具体例に「いつでも正解」などありません。ただし、第1章で述べたように、使い慣れる前に「違う」「よくない」という判断はしないようにしましょう。慣れれば便利で楽になることがたくさんありますから。子どもと教師の豊かなくらしや学びに役立てられますから。

それから、「うちの学校ではできない、そういう環境整備やルールになっていない」と思われた方もいらっしゃるのではないでしょうか。しかし、そう思われたのなら、クラウド環境の便利さや考え方はご理解いただいているということでもあります。便利な活用をしたいけれどできる状況にないと思われたら、ぜひ校内や自治体の中で、環境整備や使用ルール、制限の在り方についてしかるべき方々に相談されてください。本書では取り上げていませんが、全国には校内はもちろん、家庭へ端末を持ち帰ってからもクラウドで子どもと教師、子ども同士がつながることができる環境を整えている学校もあります。そのようなところでは、授業から発展したつながりのある学びや係活動の取り組みの広がりがさらに促進されている例も生まれています。一方で、校内であってもかなり規制をしている学校もあります。生徒指導上の配慮や情報保護など「子どもたちや教師を守ること」と、「子どもたちや教師のための便利な活用環境」の両立は簡単ではありません。しかし、子どもたちの豊かな学びやくらしのためにも、教師の負担軽減のためにも、どこを落としどころとするか、更新するかをぜひ各自治体や学校でご検討いただけたらと思います。

本書の執筆は、私がこれまでにお招きいただいたり参観させていただいたりしたたくさんの自治体や学校の先生方の実践や研究から学んだことをもとにしております。これまでにご縁をいただいたすべての学校や先生方、自治体の方々、そして子どもたちに心より感謝申し上げます。また、本書の執筆をご提案・ご支援くださいました明治図書の新井様、本当にありがとうございました。

稚拙なものですが、本書で示したことが少しでも子どもたちと先生方の豊かなくらしや学びのお役に立つことができれば幸いです。

2023年10月

大村龍太郎

【著者紹介】
大村　龍太郎（おおむら　りょうたろう）
東京学芸大学 教育学部 教育学講座（兼教職大学院）准教授。福岡県小学校教諭等を経て現職。日本学級経営学会理事。一般社団法人 STEAM JAPAN 理事。専門は教育方法学。「教科等固有の価値と教科等横断的・汎用的な価値の両者を重視した学習者主体の授業研究」、「互いの自由と共同体の価値を実感する学級経営研究」を関連的・複合的に研究している。

【論文・著書等】
「小学校学級担任による教科等間の比較・関連的な指導の現代的意義」、「小学校における特別活動と「学級目標」の系統的関連を図る指導とその効果」、高橋純編著『はじめての授業のデジタルトランスフォーメーション』東洋館出版（分担執筆）、小学校社会科授業づくり研究会『小学校社会科 Before&After でよくわかる！子どもの追究力を高める教材＆発問モデル』明治図書（分担執筆）、等。

クラウド環境の本質を活かす学級・授業づくり
「つながり」の中で個が豊かに伸びるための考え方

2023年12月初版第１刷刊 ©著　者　大　村　龍　太　郎
発行者　藤　原　光　政
発行所　明治図書出版株式会社
http://www.meijitosho.co.jp
（企画）新井皓士（校正）山根多恵
〒114-0023　東京都北区滝野川7-46-1
振替00160-5-151318　電話03(5907)6701
ご注文窓口　電話03(5907)6668

＊検印省略　組版所　株式会社カシヨ

本書の無断コピーは，著作権・出版権にふれます。ご注意ください。

Printed in Japan　ISBN978-4-18-205121-0
もれなくクーポンがもらえる！読者アンケートはこちらから
→

「主体的な学習者」を育む
先端的な方法と実践

主体的な学習者を
育む方法と実践

木村 明憲［著］
Kimura Akinori

自己調整学習

Self-regulated learning

子どもたち自身が
自己調整を
見通しを明確にもち、
理念の中心
自らの学習を振り返り、
に据える。
次の学習につなげる。

明治図書

木村 明憲
［著］

これからの学校教育における最重要キーワードの１つ「自己調整学習」について、その具体的な方法と実践をまとめた１冊。自己調整のスキルと、学習を調整して学ぶプロセスを、３つのフェーズに沿って解説しています。海外における先進的な実践も紹介。

192ページ／四六判／定価 2,156 円(10%税込)／図書番号:2134

明治図書　携帯・スマートフォンからは 明治図書 ONLINE へ　書籍の検索、注文ができます。▶▶▶

http://www.meijitosho.co.jp　＊４桁の図書番号で、HP、携帯での検索・注文が簡単に行えます。
〒114－0023　東京都北区滝野川７－46－１　ご注文窓口　TEL 03－5907－6668　FAX 050－3156－2790

明日から取り組める、75のデジタルハック

クラウドでファイル管理・オンラインで指導案作成・職員ポータルサイト・家庭への電子連絡板など…、先生方の事務作業、全部デジタルで効率化しませんか？生産性を高めたい方、子どもと向き合う時間を確保したい方。必読の一冊です！

176ページ　A5判　2,266円(税込)　図書番号:4414

前多昌顕 著

先生のための
ICT超高速業務ハック
時間を生み出すデジタル仕事術
前多昌顕

書類作成　予定タスク管理　教室　職員室　授業準備・研修

GoogleもMicrosoftも対応
明日からすぐに取り組める
効率化スキル75
明治図書

明治図書　携帯・スマートフォンからは 明治図書 ONLINE へ 書籍の検索、注文ができます。▶▶▶

http://www.meijitosho.co.jp ＊4桁の図書番号で、HP、携帯での検索・注文が簡単に行えます。

〒114−0023　東京都北区滝野川7−46−1　ご注文窓口　TEL 03−5907−6668　FAX 050−3156−2790

ICTに学びを救われる子は
あなたのそばにいる。

1人1台端末でみんなが輝く教室に

普段は発言の少ない子がオンライン上で活発にやり取りできる。AI スピーカーを通して本音が出る…など、困難のある子もそうでない子も互いに認め合える学びをつくるため、ICT は有効なツールです。子どもそれぞれの個性に寄り添い続けた挑戦の記録をまとめた一冊。

東京学芸大学附属
小金井小学校
鈴木秀樹教諭
待望の
単著

四六判 176 頁／図書番号 1262
定価 1,936 円（10%税込）

明治図書　携帯・スマートフォンからは　明治図書 ONLINE へ　書籍の検索、注文ができます。▶▶▶
http://www.meijitosho.co.jp ＊併記４桁の図書番号（英数字）でHP、携帯での検索・注文が簡単に行えます。
〒114－0023　東京都北区滝野川７－46－１　ご注文窓口　TEL 03－5907－6668　FAX 050－3156－2790